Alys *im* Gartenland

Alys im Gartenland

Garten ist, was du draus machst

Alys Fowler

Fotos von Simon Wheeler

KOSMOS

Inhalt

Slow Gardening

Meine Kompetenz lässt sich am besten dadurch beschreiben, dass ich eine Leidenschaft für Pflanzen habe, dass ich gern in der Erde wühle und dass ich das Gärtnern und die Welt um mich herum liebe. Es gab jedoch eine Zeit, in der mich meine Leidenschaft in eine andere Richtung lenkte: Eines Tages fand ich mich vor einem Computer wieder und verlor den Boden unter den Füßen. Ich war jemand geworden, der über Pflanzen schreibt, anstatt sie selbst zu setzen, zu hegen und zu pflegen, obwohl es hätte umgekehrt sein sollen.

Es ist ein unbehagliches Gefühl zu wissen, dass man nicht dort ist, wo man hingehört. Ich hatte eine Gartensendung im Fernsehen, einen echten Traumjob, der genau das Richtige hätte sein sollen, aber er war es nicht. Um es kurz zu machen: Ich habe den Job gewechselt und bin wieder raus in die Natur gegangen. Dort habe ich ein paar Leute kennengelernt, mit denen ich wirklich gern zusammenarbeite, und einen Platz gefunden, an dem ich gärtnern und kochen und richtig zur Ruhe kommen konnte. Ich wurde Mitglied im „Slow Movement", einer Bewegung, bei der es darum geht, das Leben zu entschleunigen. Ich aß langsam, reiste langsam, gärtnerte langsam und verlangsamte sogar mein Bankkonto. Erst als ich aufgehört hatte, meine Arbeit von meiner Identität zu trennen, fügte sich alles zusammen.

So viel habe ich gelernt: Gärtnern ist etwas, das man tut und nicht etwas, das man kauft. Für einen schönen Garten braucht man nicht viel Geld auszugeben. Ebenso wie beim langsamen Essen braucht man auch beim langsamen Gärtnern Zeit zum Genießen. Es ist der Vorgang an sich und nicht die plötzliche Verwandlung, auf die es ankommt. Wenn man hier und da ein wenig bastelt, etwas gräbt und ein bisschen pflanzt, oft erntet und vor allem nicht versucht, gleich alles auf einmal zu tun, hat man die Natur auf seiner Seite.

Wer die richtige Pflanze für den richtigen Standort auswählt, hat das Schwerste schon geschafft. Auf einem durchgeweichten Boden braucht man gar nicht erst zu versuchen, Mittelmeergewächse anzupflanzen, und tropische Pflanzen gedeihen nun einmal nicht in der Kälte. Das Leben ist schwer genug, und man muss es sich nicht noch beim Gärtnern schwer machen. Man sollte lernen, für die Natur und für sich selbst zu gärtnern, indem man eigenen Kompost ansetzt und Laubhaufen anlegt und es der Natur überlässt, sich um die Pflanzenreste zu kümmern. Wer das alles macht, sich ein wenig entspannt und danach wieder ein bisschen arbeitet, findet die nötige Ruhe, um seinen Garten in vollen Zügen zu genießen, wo dieser auch immer sein mag.

Oben links und unten rechts: Meine spirituelle Gartenwelt (und die vieler anderer) – Botanischer Garten 6BC, Lower East Side, Manhattan. Oben rechts: Die vielen Gemeinschaftsgärten in Manhattans Lower East Side sind eine grüne Oase der Entspannung. Unten links: In der Lower East Side wird sogar auf der Straße gegärtnert.

Genussvoll gärtnern

Mit neunzehn bin ich nach New York gezogen, um dort im Botanischen Garten zu arbeiten. Ich hatte zuvor noch nie in einer Stadt gelebt und war verzückt und entsetzt zugleich. Nach alldem, was ich damals für eine langweilige ländliche Erziehung hielt, war das pulsierende Stadtleben aufregend für mich. Was ich jedoch ganz und gar nicht akzeptieren wollte, war, dass ich dort keine eigene grüne Oase mehr haben sollte.

Ich durchsuchte die ganze Stadt nach einem Platz zum Leben. Und als ich es schon fast aufgegeben hatte, kam ich in ein Viertel, in dem anscheinend jeder zweite Block ein Garten war. Ich hatte keine Ahnung, wo ich mich gerade befand, aber ich wusste, dass ich dort bleiben wollte. Ich mietete mir ein Zimmer bei einem netten Hippie im Dachgeschoss mit Blick über diese herrlichen Gärten. Einer davon sollte in jenem Jahr mein Zuhause werden. Ich hatte mich einer Gruppe von Leuten angeschlossen, die wunderschöne Gärten buchstäblich „von der Straße" machten. Diese Zeit hat mich vielleicht stärker geprägt als der Großteil meiner regulären Gärtnerausbildung. Ich verliebte mich in den Charakter, die Sparsamkeit und die Stimmung, die einem solchen Umfeld innewohnen. Vor allem aber lernte ich, wie man sich nützliche Sachen aus Abfall bastelt.

Beim Basteln mit Abfall geht es darum, ausrangierte Dinge für einen nützlichen Zweck wiederzuverwenden oder zu recyceln. Fußbodendielen verwandeln sich in Kompostbehälter, eine Kommode wird zu einem neuen Topfgarten und aus weggeworfenen Möbeln entsteht ein neuer Terrassentisch.

Auf diese Weise kann man sich seine Gartenwelt ganz individuell gestalten, ohne ein Vermögen dafür auszugeben. Mit Ideen und dem nötigen Geschick kann man sich seine eigene Welt erschaffen, anstatt die langweiligen Versionen anderer zu kaufen. Das macht schnell süchtig, was zum Teil auch daran liegt, dass es wohl nichts Befriedigenderes gibt, als sagen zu können: „Das habe ich gemacht." Man fängt an, sich Dinge zu basteln, die in das eigene Zuhause und zur eigenen Lebensweise passen. Anstelle der unpersönlichen, schlimmstenfalls hässlichen Fabrikware bekommt man etwas, das ein wenig über das Wesen und die Persönlichkeit seines Schöpfers aussagt und in sich trägt – etwas, das man mit eigenen Händen zum eigenen Vergnügen geschaffen hat.

Unsere heutige Gesellschaft bietet kaum noch Befriedigung – ein ewiges Pendeln nach Nirgendwo mit Shopping-Ausflügen am Wochenende als einzige Belohnung. Wer sein eigenes Gemüse anbaut oder die Kräuter für den Tee, und wer seine Küchenabfälle im selbst gemachten Kompostkasten recycelt, belohnt sich selbst, anstatt darauf zu warten, dass es ein anderer tut. Man gestaltet seine eigene Welt nach eigenen Regeln, und indem man sich auf kreative Weise selbst verwirklicht, gedeiht das Unerwartete. Wie so oft lässt sich das Beste aus den einfachsten Dingen machen. Es dauert zwar eine Weile, bis man die nötigen Bretter, Balken und Schrauben zusammengesucht hat, es ist aber allemal besser, als in den Laden zu gehen und sich etwas zu kaufen, das keinen Charakter besitzt.

Dieses Buch soll eines vermitteln, nämlich wie man etwas anpflanzt, ganz gleich was es ist. Man kann sein Leben aber noch mehr bereichern, wenn es sich dabei um etwas handelt, das man auch essen oder trinken kann.

Von Null auf Garten

Gärtnern geht fast überall

Bevor man etwas anpflanzen kann, muss man sich zunächst Gedanken darüber machen, wo man das tut. Wer Glück hat, besitzt einen richtigen Garten, alle anderen müssen ein wenig einfallsreich sein.

Gärtnern kann man an vielen Orten. Wer eine Dachgeschosswohnung mit Blick nach Norden und ohne Fensterbänke hat, muss sich eben anderswo einen Platz zum Gärtnern beschaffen. Hat man schöne große Fenster, die für reichlich Tageslicht sorgen, könnte man sogar drinnen gärtnern, oder man sucht sich ein Plätzchen in einem Gemeinschaftsgarten. Viele Altbauten besitzen geräumige Treppenhäuser mit großen Fenstern, die geradezu danach lechzen, mit ein paar Grünlilien geschmückt zu werden. Vielleicht gibt es ja hinter dem Haus, in dem man wohnt, ein Fleckchen, das zwar betoniert und mit Mülltonnen vollgestellt sein mag, aber mit ein wenig Aufwand in einen Garten verwandelt werden könnte. Gemeinschaftsgärten, Eingangsterrassen, winzige Vorgärten, Fensterbänke – alles kann man sich zunutze machen.

Wer mit dem Gärtnern anfangen möchte, braucht, ganz unabhängig vom Standort, zuerst ein paar Pflanzgefäße, und solange man nicht vergisst, seine Pflanzen mit Licht und Wasser zu versorgen, kann nichts schiefgehen. Ein paar Zimmerpflanzen, ein Topf mit Kräutern auf dem Fensterbrett oder eine Kübelpflanze an der Hintertür sind schon ein Anfang, und wenn man den Dreh erst einmal heraushat, kann man sich auch an größere Vorhaben heranwagen. Gärtnern macht süchtig – eines Tages beginnt man mit nur einem Topf, und ehe man es sich versieht, hat man überall Pflanzen stehen.

Bevor man mit dem Gärtnern anfängt, ob drinnen oder im Freien, sollten zunächst ein paar entscheidende Faktoren berücksichtigt werden. Zuerst muss eingeschätzt werden, wie viel Licht man zur Verfügung hat und somit auch, wie warm es wird. Sonnenhungrige Pflanzen können nicht an einen schattigen Standort gestellt werden, und umgekehrt. Wer seine Lichtverhältnisse kennt, hat schon halb gewonnen. Beim Gärtnern im Freien, das gilt auch für Topfgärten, muss man sich über einen entsprechend geschützten Standort Gedanken machen. Auf Balkonen zum Beispiel ist es oft sehr windig, sodass man widerstandsfähige Pflanzen braucht, denen es nichts ausmacht auszutrocknen, und die nicht umknicken. Da alle Pflanzen Wasser brauchen, benötigt man eine Wasserquelle und ein Gefäß zum Gießen – einen Schlauch, eine Flasche oder eine Gießkanne. Und da alle Pflanzen ein Material benötigen, in dem ihre Wurzeln wachsen können, braucht man, sofern man nicht direkt im Boden gärtnert, die entsprechende Erde für die Pflanzgefäße.

Gartengestaltung mit Liebe

Der einzige Schlüssel zu einem geschmackvollen Garten ist Liebe – ganz einfach! Meine Arbeit hat mich durch prachtvolle Anlagen und winzige Innenhöfe geführt, von Balkonen bis hin zu ausgedehnten Hinterhöfen. Die Gärten, die mein Herz höherschlagen ließen, diejenigen, an die ich mich noch immer bis in alle Einzelheiten erinnern kann, hatten eines gemein – sie sind von Menschen angelegt, gepflegt und bewohnt worden, die ihren Garten wahrhaft lieben.

Natürlich gibt es Elemente, die stilvoller sind als andere, und Pflanzen, die meiner Meinung nach mehr Eleganz haben als andere oder etwas ganz Besonderes sind. Geschmacklose Möbel, Stapel alter Plastiktöpfe, alte Betonwege und Ähnliches tragen mit Sicherheit nicht zu einem stilvollen Ambiente bei. Für einen wirkungsvollen Garten kommt es im Großen und Ganzen darauf an, dass man seinen eigenen Weg geht – und zwar mit Leidenschaft. Man muss seinen eigenen Stil finden und ihn verwirklichen. Modisch zu sein ist riskant. Bei der Mode geht es darum, Zeitschriften zu verkaufen, sodass das, was in einem Jahr „in" ist, im nächsten schon wieder „out" ist. Die einzige unumstößliche Regel besteht darin, die richtigen Pflanzen für den jeweiligen Standort zu wählen. Man braucht gar nicht erst zu versuchen, sonnenhungrige Pflanzen an schattige Plätze zu setzen oder Gewächse, die trockene Bedingungen brauchen, in schwere, nasse Erde zu pflanzen. Ansonsten kann man tun, was einem gefällt und sollte dabei einfallsreich und ruhig ein wenig wagemutig sein. Zuversicht und Originalität führen auf lange Sicht zum Erfolg.

Oben: **Man sollte sich Zeit nehmen, seinen Garten kennenzulernen – Beobachtung ist das beste Hilfsmittel.** Gegenüber: **Nicht gleich alles auf einmal umgestalten. Man fängt vorn an und arbeitet sich schrittweise nach hinten durch.**

Theorie und Praxis

Ein paar Gestaltungsregeln sind hier trotz allem nicht fehl am Platz. Man muss diese Regeln zwar nicht befolgen, aber das bewährte Motto „Lerne die Regeln, damit du sie brechen kannst" trifft zu. Die sechs goldenen Regeln lauten: Wiederholung, Abwechslung, Balance, Betonung, Reihenfolge und Größenverhältnis. Darüber hinaus gibt es sekundäre Faktoren wie Farbe, Struktur, Form oder Gestalt und Duft. Diese Ideale gelten sowohl für die verschiedenen Pflanzgefäße als auch für Gärten jeder Größe.

Die Realität sieht so aus, dass in den meisten Gärten, die wir von anderen übernehmen, nur ein paar grundlegende Dinge stimmen. Eine genaue Gestaltungsphilosophie ist zwar gut und schön, wenn man eine nackte Leinwand vor

sich hat, die man bearbeiten kann, aber hat man es mit einem Garten zu tun, der bereits nach den Vorstellungen anderer angelegt wurde, kann die Sache komplizierter sein.

Man sollte niemals versuchen, einen Garten gleich auf einmal umzugestalten. Am besten fängt man vorne an und arbeitet sich nach hinten durch – dieselbe Vorgehensweise gilt auch für den Pflanzenkauf. Eine gute Planung braucht Zeit, und diese Zeit sollte man damit verbringen, den Standort, die Bodenbeschaffenheit und die Bedingungen in den einzelnen Gartenabschnitten kennenzulernen. Es gilt herauszufinden, welche Lichtverhältnisse der Garten im Laufe der verschiedenen Jahreszeiten aufweist, wie heiß es im Sommer wird und wie viel Schatten man im Tagesverlauf hat.

Spielerisches Gestalten

Die Aufteilung des Standorts ist von großer Bedeutung. Gelungene Gärten präsentieren sich dem Betrachter nicht gleich in ihrer Gesamtheit, sondern halten die eine oder andere Überraschung bereit. Das lässt sich am einfachsten mit einem Pfad erreichen, der sich langsam durch den Garten schlängelt und an jeder Biegung etwas Neues enthüllt.

Gärten können auch durch senkrechte Elemente aufgeteilt werden, sodass die Fläche auf den ersten Blick nicht gleich als Ganzes zu sehen ist. Man kann ruhig große Pflanzen vor kleinere setzen – das weckt die Neugier. Königskerze, Fenchel und Eisenkraut sind hohe Pflanzen mit lockerer Wuchsform, die Pflanzenkombinationen Höhe verleihen.

Es ist wichtig, stets in ungeraden Zahlen zu pflanzen. Eine ungerade Pflanzenanzahl wirkt natürlicher. Man braucht sich nur das Pflanzmuster von Mutter Natur anzuschauen, bei dem die große Masse den Mittelpunkt bildet und an den Seiten ein paar Ausläufer wachsen, so wie man es auch bei allen wild wachsenden Pflanzen vorfindet. Selbst wenn man nichts anderes täte, als die Pflanzen immer nur nach diesem einen Muster und in ansprechenden Farbkombinationen anzuordnen, wäre die Wirkung unfehlbar.

Die Materialien für die Gartengestaltung sollten auf eine sehr schlichte Palette beschränkt sein, aber bei der Farbwahl braucht man sich nicht zu zügeln. Ein ganz in Weiß gehaltener Garten mag zwar klassisch sein, aber es kann viel Spaß machen, die Regeln ein wenig zu brechen. Etwas Reibung wirkt oft Wunder, und Farben, die sich beißen, können eine tolle Wirkung haben. Blumenbeete, die oft den Beigeschmack langweiliger städtischer Parkbepflanzungen haben, können fantastisch aussehen, wenn man sie in großer Fülle anlegt und dann ungehindert wuchern lässt.

Man darf nie vergessen, dass die Ansprüche der Pflanzen stets Vorrang vor denen des Menschen haben. Egal wie schön man es sich auch vorstellen mag – eine Kombination aus Pflanzen, die nicht dieselben Wachstumsbedingungen brauchen, lässt sich nicht verwirklichen. Sonnenhungrige Gewächse können nicht neben schattenliebende gepflanzt werden, und es ergibt auch keinen Sinn, frühlingsblühende Zwiebelpflanzen neben Rosenbüsche zu setzen, da diese sowieso nicht gleichzeitig blühen. Wenn eine Kombination funktionieren soll, braucht man Pflanzen mit gleicher Blütezeit.

Ganz oben: **Kalifornischer Goldmohn verlangt nach Sonne.** Oben: **Ein gewundener Pfad enthüllt den Garten nur langsam.** Gegenüber: **Verschiedene Strukturen, Farben und Höhen machen Gärten gehaltvoll, wie etwa Argentinisches Eisenkraut (rechts) und Lampenputzergras (links).**

Die goldenen Gestaltungsregeln

Wiederholung: Wiederholung von Farbe und Form bringt Bewegung und Schwung in den Garten.

Abwechslung: Verschiedene Strukturen und Farbnuancen erzeugen Spannung und Neugier und lassen den Blick umherschweifen.

Balance: Das ausgewogene Verhältnis einzelner Elemente erzeugt Harmonie. Kräftige Farben, die sich beißen, brauchen hierzu etwa ein beruhigendes Grün im Hintergrund.

Betonung: Das Geheimnis der Betonung liegt darin, die einzelnen Elemente streng einzusetzen und gegeneinander auszuspielen. Das bedeutet nichts anderes, als ein Element durch ein anderes zu betonen. Obwohl sich beißende Farben einander sowieso schon gegenseitig hervorheben, wirkt es nicht ganz so grell, wenn leuchtende Farben durch etwas zartere Nuancen desselben Farbtons betont werden.

Reihenfolge: Wie bewegt man sich räumlich durch den Garten? Wohin führt dieser Weg? Was verbirgt sich hinter dieser Ecke? Hier geht es darum, bestimmte Elemente so einzusetzen, dass sie den Besucher zu einem Blickfang führen.

Größenverhältnis: Bei der Wahl der Größe des Objekts kommt es darauf an, die räumlichen Bedingungen des Standorts zu berücksichtigen.

Pflanzen am richtigen Platz

Es besteht oftmals ein gewaltiger Unterschied darin, wo man eine Pflanze aus ästhetischen Gründen gern hinhaben möchte, und darin, wo sie eigentlich hingehört. Wenn man einen bestimmten Standort mit zu viel Mühe rechtfertigen muss, sollte man besser ein Einsehen haben, da die Pflanze sonst bald eingehen würde.

Im Gartencenter gibt es ein paar weitere Dinge, die man berücksichtigen sollte, bevor man mit dem Einkaufswagen auf die Kasse zusteuert. Am wichtigsten sind dabei zwei lebenswichtige Fragen, nämlich welche Erde und welche Lichtbedingungen eine Pflanze benötigt. Der Boden kann bis zu einem gewissen Maß so bearbeitet werden, dass er den Ansprüchen der Pflanzen gerecht wird. Informationen dazu gibt es im Kapitel „Wie ein Garten heranwächst" ab Seite 60. Auf die Lichtbedingungen kann man jedoch keinen Einfluss nehmen. Sonne hat man oder nicht.

Lichtverhältnisse

Alle Pflanzen brauchen Licht. Die meisten Pflanzenetiketten oder Bücher geben Auskunft darüber, wie viel Licht eine Pflanze benötigt. Bei den Lichtverhältnissen werden vier Bereiche unterschieden: Vollsonne, Halbschatten, lichter Schatten oder Streuschatten und Vollschatten.

Einige Pflanzen sind flexibel, während andere in dieser Hinsicht unerbittlich sind. Eine Pflanze, die volle Sonne braucht, kann zwar in den Halbschatten gesetzt werden, bringt aber dann weniger Blüten hervor und bekommt lange, dünne Triebe. Pflanzen, die Halbschatten bevorzugen, halten es zwar auch in voller Sonne aus, solange sie in der Wachstumsperiode immer nasse Füße haben, aber rundum zufrieden sind sie damit nicht. Gewächse, die einen vollschattigen Standort brauchen, rollen sich zusammen und sterben ab, wenn man sie zu einem Leben in der Sonne zwingt. Vollschatten bei sonnenhungrigen Pflanzen hat zur Folge, dass sie welken und schließlich eingehen.

Die Stockrose *(Alcea rosea)* liebt pralle Sonne und sehr durchlässigen Boden. Sie wird bis zu 2,5 m hoch und ist ideal zum Verdecken hässlicher Mauern oder als Blickfang für sonnig-heiße Standorte.

Ins rechte Licht gerückt

Vollsonne bedeutet, dass die Pflanzen den Großteil des Tages der Sonneneinstrahlung ausgesetzt sind. Das gilt für trockenheitsliebende Mittelmeergewächse und Wüstenpflanzen, für Präriepflanzen, Wiesenpflanzen und Alpenpflanzen.

Lavendel (Lavandula) liebt sengende Hitze, verträgt aber keine nassen Füße im Winter. Deshalb sollte für gute Entwässerung gesorgt sein.

Bandkraut (Phlomis fruticosa) besitzt pelzige graue Blätter, um Luft und Feuchtigkeit einzuschließen und sich gegen die Mittagssonne zu schützen.

Fetthenne (Sedum spectabile) bringt im Spätsommer dichte Dolden mit winzigen rosafarbenen Sternblüten hervor und besitzt dicke fleischige Blätter, die sogar an heißesten Tagen die Feuchtigkeit halten.

Halbschatten bezieht sich auf die Bereiche, die von Gebäuden oder Bäumen und Sträuchern an sonnigen Tagen bis zu sechs Stunden lang beschattet werden. Mit Halbschatten lässt es sich am einfachsten arbeiten, da viele Pflanzen unter diesen Bedingungen wachsen.

Die meisten Gärten sind halbschattig, und es sind wirklich nur die ganz besonders sonnen- oder schattenhungrigen Pflanzen, die hier nicht gedeihen. Standorte mit höchstens drei Schattenstunden pro Tag sind ideal für Blütenpflanzen und fruchttragende Pflanzen.

Es gibt eine Vielzahl von Pflanzen für diese Lichtbedingungen. Frauenmantel (Alchemilla mollis), Akelei und Fingerhut (Digitalis) sind pflegeleichte Vertreter.

Lichter Schatten oder Streuschatten bezeichnet zumeist das gefleckte Muster aus Licht und Schatten, welches unter belaubten Bäumen vorherrscht. Lichter Schatten kommt gewöhnlich nur vom späten Frühjahr bis zum Frühherbst vor, denn sobald die Bäume ihre Blätter verloren haben, ist der Standort in das sanfte Licht des Winters gehüllt. Lichter Schatten eignet sich im Sommer vor allem für Waldpflanzen und für früh blühende Zwiebelpflanzen, deren Blütezeit vorüber ist, bevor die Bäume wieder ihre Blätter tragen.

Buschwindröschen (Anemone nemorosa) ist eine mehrjährige krautige Pflanze, die sich auf dem Waldboden ausbreitet und in der Frühlingssonne ihre prächtigen weißen Blüten hervorbringt.

Tränendes Herz (Dicentra spectabilis) ist eine prächtige mehrjährige Staude, die im Frühsommer blüht. Ihre aparten herzförmigen Hängeblüten haben rosarote äußere und weiße innere Blütenblätter.

Vollschatten entsteht gewöhnlich durch hohe Gebäude oder dichte immergrüne Vegetation. Diese Standorte erreicht in der Wachstumsperiode nur wenig oder gar kein Licht. Mit Ausnahme einiger Farne und Waldgewächse gedeihen hier nur wenige Pflanzen.

Goldnessel (Laminum galeobdolon) verträgt einen trockenen Schattenstandort.

Efeu (Hedera helix) von der Sorte 'Glacier' mit seinen weiß-grün panaschierten Blättern gedeiht sogar an schattigen Mauern.

Kriechspindel (Euonymus fortunei) in den Sorten 'Emerald'n Gold' oder 'Silver Queen' lässt selbst Pflanzensnobs hysterisch werden. Sie ist auffällig, anpassungsfähig und verträgt alle Bedingungen außer Staunässe. Man kann sie sogar zu Hecken schneiden.

Kleines Immergrün (Vinca minor) kann leicht zur Plage werden, aber wer in seinem Hinterhofgarten nichts außer kargen Boden hat, ist vielleicht dankbar dafür.

Überlebenstipps fürs Gartencenter

Wie bei jedem Einkauf kann man auch im Gartencenter in einen Kaufrausch verfallen und am Ende mit einem Wagen voller Dinge herauskommen, die man weder will noch braucht.

Wenn man für seinen Garten Geld ausgeben möchte, dann sollte man das meiner Meinung nach für Pflanzen tun, sofern man diese vernünftig auswählt. Eine Pflanze bleibt einem bei liebevoller Pflege mehrere Jahre, ein ganzes Leben oder sogar noch länger erhalten. In diesem Buch geht es um Sparsamkeit und somit auch darum, dass man sein Geld nie für unnötige Dinge ausgeben sollte.

Das Etikett lesen

Beim Pflanzenkauf sollte man zuallererst das Etikett lesen. Ein gutes Pflanzenetikett enthält viele wichtige Informationen – wie der botanische und gegebenenfalls der deutsche Name.

Die weltweit gültigen botanischen Namen haben wir Carl von Linné zu verdanken. Der schwedische Wissenschaftler aus dem 18. Jahrhundert liebte die Ordnung. Er wollte allen Dingen einen Namen geben und erfand das seither verwendete zweiteilige Namenssystem, nach welchem jede Pflanze einen Familiennamen (Gattung) und einen Vornamen (Art) besitzt. Die unter dem deutschen Namen Sonnenblume bekannte Pflanze heißt nach Linnéschem System *Helianthus* (Gattung) *annuus* (Art). Der Artenname bezieht sich oftmals auf das Aussehen oder die Herkunft einer Pflanze – *annuus* besagt, dass es sich um eine einjährige Pflanze handelt.

Das Namenssystem fängt mittlerweile an, etwas komplizierter zu werden, da sowohl die Natur als auch die Menschen sich darin einmischen. Nachdem man mit einer Art angefangen hat, will die Natur etwas herumexperimentieren, und schon hat man natürlich entstandene Abweichungen vor sich. Sind diese Abweichungen genügend ausgeprägt, dann erhalten sie einen eigenen Namen, dem

Was auf dem Etikett steht

Ein Etikett sollte den botanischen und den deutschen Namen beinhalten und Auskunft über die Wachstumsbedingungen (Sonne, Schatten usw.) sowie über Farbe, Größe und Wuchsform einer Pflanze geben.

Bedingt winterharte Pflanzen brauchen Wärme und überleben nur eine Saison – wie Schmuckkörbchen und viele Salbeiarten. Diese aus Mexiko stammenden Gewächse keimen unter feucht-warmen Bedingungen, blühen im Spätsommer und überleben bis zum ersten richtigen Frost.

Winterharte einjährige Pflanzen sind zwar zäh wie Leder, bleiben uns aber ebenfalls nur eine Saison lang erhalten. Jungfer im Grünen wird im Herbst ausgesät, wächst während des Winters langsam heran und blüht im späten Frühjahr.

Beetpflanzen sind Gewächse, die für eine prachtvolle, aber vorübergehende Zierbepflanzung verwendet werden, wie etwa Stiefmütterchen, Petunien und Pelargonien.

Zweijährige Pflanzen bleiben uns zwei Saisons erhalten und können sich selbst aussäen, um dann an anderer Stelle für weitere zwei Jahre zu bestehen. Fingerhut existiert im ersten Jahr nur als Blattrosette und bildet im zweiten Jahr einen langen Spross mit violetten Blüten aus, um danach seine Samen überall zu verbreiten.

Mehrjährige Pflanzen bleiben uns lange erhalten, sofern auf dem Etikett nicht „kurzlebige Mehrjährige" steht, was eine Lebensdauer von etwa drei Jahren bedeutet. Langlebige Mehrjährige sind: winterharte Geranien, Taglilien und Pfingstrosen; zu den kurzlebigen Mehrjährigen zählen Akelei, Rittersporn, Island-Mohn und Nelken.

oftmals die Abkürzungen „subsp." (Unterart), „var." (Varietät) und „fo." (Form) vorangestellt sind. Eine Beschreibung der Unterschiede zwischen den Abkürzungen würde hier jedoch zu weit gehen.

Wenn wir Menschen uns dazu entschließen, ein wenig herumzuexperimentieren, dann züchten wir Sorten. Dabei handelt es sich um verschiedene selektierte und künstlich gezogene Varianten einer Art, denen wir gern umgangssprachliche Namen wie 'Abendsonne' geben.

Gärtnerischer Fachjargon

Auf den Etiketten findet man nur selten ausführliche Informationen. Daher empfiehlt es sich, bei der Suche nach geeigneten Pflanzen einen Fachverkäufer um Rat zu fragen, der einem mehr über die Bedürfnisse und die Eigenschaften einer Pflanze sagen kann.

Starke Selbstaussaat bedeutet, dass sich die Pflanze auch an unerwünschten Stellen verbreitet. Wäre sie nicht so schön, würde man sie als Unkraut bezeichnen.

Invasiv bedeutet, dass sich die Pflanze meist über ihre Kriechwurzeln rasch an einem Standort ausbreitet, sodass man nur noch damit beschäftigt ist, sie auszureißen.

Empfindlich bedeutet üblicherweise, dass die Pflanze keinen Frost verträgt.

Gesundheits-Check

Es ist wichtig, darauf zu achten, dass sich die Pflanze in gutem Zustand befindet. Die Blätter sollten ein gesundes Grün besitzen und keine braunen Spitzen, gewellte Ränder, braune oder schwarze Flecken oder abgestorbene Stellen in der Mitte oder an den Rändern aufweisen.

Die Pflanze darf keine nackten Stängel haben (außer im Winter) und auch keine beschädigten Spitzen oder abgeknickten Triebe. Die Erde sollte sauber sein und keinen grünen Belag besitzen – der weist darauf hin, dass die Pflanze schon zu lange hier herumsteht.

Außerdem ist auf offensichtlichen Schädlingsbefall zu achten. Finger weg von Pflanzen mit Fraßlöchern (vor allem an den Blatträndern, da diese auf abscheuliche kleine Biester namens Dickmaulrüssler hindeuten, die sich liebend gern im Gartencenter aufhalten). Dasselbe gilt für Pflanzen, an denen Eier haften, kleine Tierchen herumkrabbeln, Spinnweben hängen oder bei denen klebrige Ablagerungen auf den Blättern zu sehen sind, da diese ein Zeichen für Blattlausbefall sind.

Es empfiehlt sich, die Pflanzen, sofern sie handlich genug sind, kurz aus dem Topf herauszunehmen und einen Blick auf die Wurzeln zu werfen. Die Pflanzen sollten gesunde und weiße Wurzeln mit viel Erde haben. Pflanzen mit zu stark durchwurzelten Ballen haben Schwierigkeiten, sich im Garten einzugewöhnen und gehen oft ein.

Größe und Platz

Manche Gärtner setzen viele Jungpflanzen zusammen in einen Fünf-Liter-Topf, damit sie aussehen wie eine einzelne größere Pflanze. Wenn man sie zu Hause ganz vorsichtig auseinandernimmt, kann man oft drei oder mehr kleinere Pflanzen daraus gewinnen. Das lässt sich bei manchen mehrjährigen Pflanzen gut machen, klappt vor allem bei Zimmerpalmen, da die Gärtner bis zu zehn Samen pro Topf keimen lassen. Die gemeinsam herangewachsenen Sämlinge bilden ein eindrucksvolles Dickicht, aber machen nach einigen Jahren einen sehr unglücklichen Eindruck, da sie nicht genügend Platz zum Wachsen haben. Damit es gar nicht erst so weit kommt, kann man die Sämlinge höchstens zu fünf und mit genügend Abstand jeweils in einen großen Topf (zehn Liter) setzen.

Hier wurden drei Primeln *(Primula denticulata)* in einen Topf gequetscht, damit es aussieht, als hätte man eine große Pflanze. Nach vorsichtigem Trennen der Pflänzchen, wird jedes in gute Blumenerde gesetzt. Nun kann man sich an seiner blühenden Sparsamkeit erfreuen.

Schnäppchenjagd

Viele Gartencenter haben nur eine relativ kleine Pflanzen-
abteilung, die man oft erst suchen muss und in der die
Pflanzen, deren Topferde wahrscheinlich schon mit einer
grünen Schicht aus Lebermoos überzogen ist, um ihr
Leben kämpfen. Gibt man ihnen Liebe, etwas neue Erde,
ein wenig Dünger und befreit sie von abgestorbenen
Teilen, wird man überrascht sein, was da zum Vorschein
kommt.

   Bevor man eine Pflanze mit nach Hause nimmt, sollte
man stets versuchen, den Wurzelballen aus dem Topf
herauszuklopfen, um sicherzugehen, dass sich darin keine
weißen Laven oder kleinen fiesen Käfer mit glänzendem
Panzer verbergen. Das sind dann Dickmaulrüssler – und
die will man auf keinen Fall in der Nähe des eigenen

Gartens haben. Sich umschauen und die Angebote
vergleichen klingt zwar selbstverständlich, aber aus
irgendeinem Grund scheint man das beim Pflanzenkauf
nicht zu tun. Ein Preisvergleich zwischen den vielen
Gärtnereien, die ihre Ware im Internet anbieten, lohnt
sich. Saatgut wird heutzutage nicht mehr nur in
Gartencentern angeboten, und auch Pflanzen lassen sich
anderswo bekommen. Es empfiehlt sich, in Billigläden,
Supermärkten und Eisenwarenläden vorbeizuschauen oder
bei Flohmärkten und Hinterhofverkäufen. Wer selbst
gezogene Pflanzen möchte, findet im Internet viele
unabhängige Züchter und kleine Spezialgärtnereien.
Pflanzenmärkte sind ein guter Anlaufpunkt für wirklich
ungewöhnliche Gewächse.

Gegenüber: Beim Pflanzenkauf auf die maximale Wuchshöhe der einzelnen Pflanzen achten. Der Eukalyptus ganz hinten wächst normaler- weise zu einem großen Baum heran. Links: Die Pflanzen stets auf gute Blattfärbung und gesundes Wachstum überprüfen. Unten links: Jungpflanzen gewöhnen sich besser ein als erwachsene Pflanzen.

Mobile Gärten

Pächter scheinen beim Gärtnern immer das schlechteste Geschäft zu machen, und wer nicht vorhat, seinen Garten über Jahre zu behalten, sollte nicht unnötig viel Mühe in ein Stück verwildertes Land investieren. Positiv gesehen, ist das Unkrautjäten aber nicht nur eine gesunde Leibesübung, sondern man schafft damit ein schönes Plätzchen, an dem sich auch die nächsten Pächter ausprobieren können – der ganze Stolz des Kleingärtners sozusagen. Eine andere Möglichkeit besteht darin, sich einen Kübelgarten anzulegen, den man mitnehmen kann. Wer jedoch ein Stück Land hat und sich daran versuchen möchte, findet mit Sicherheit einige Pflanzen, die preisgünstig und prachtvoll genug sind, um über die Probleme eines gepachteten Gartens hinwegzutäuschen.

Günstige Zwiebelpflanzen

Im Herbst bieten alle möglichen Geschäfte große Tüten mit einem Mix aus Narzissenzwiebeln verschiedener Größen und Formen an. Bei den meisten handelt es sich um die sogenannte Osterglocke mit ihren großen leuchtend gelben Trompetenblüten, diese sind besonders hübsch, wenn man sie abschneidet und zu Hause in eine Vase stellt.

Vorausgesetzt, dass der Boden annähernd Gartenqualität besitzt (mehr dazu im Kapitel „Wie ein Garten heranwächst" ab Seite 60), wachsen Narzissenzwiebeln überall, sogar im Rasen, sodass man damit große Flächen bepflanzen und sie am Ende einfach wieder abmähen kann, wenn man ein Sonnenbad nehmen möchte. Um eine Zwiebel einzupflanzen, braucht man nur ein Loch zu graben, das ungefähr dreimal so tief wie die Zwiebel lang ist. Sitzen Osterglocken zu nah an der Oberfläche, bringen sie oftmals keine Blüten hervor.

Wenn man genügend Platz hat, kann man die Zierbepflanzung so natürlich wie möglich gestalten, indem man die Zwiebeln so verstreut, als würde man einen Eimer Wasser ausschütten. Auf diese Weise landen die meisten Zwiebeln an einer Stelle, und ein paar wenige schaffen es etwas weiter, so wie Sternschnuppen. Dort, wo die Zwiebeln gelandet sind, pflanzt man sie ein. Auf Rasenflächen sticht man dazu mit dem Spaten drei Seiten eines Quadrats aus, klappt die Rasendecke auf, steckt ein paar Zwiebeln in die Erde und drückt den Rasen wieder fest. Bei Beeten und Rabatten mit weichem Herbstboden braucht man nur mit der Gabel ein Loch hineinzustechen und etwas auszuweiten, sodass die Zwiebel hineinpasst.

Je niedriger der Preis, desto einfacher lässt sich eine Zwiebel einpflanzen. Man sollte sie kaufen, sobald die ersten Zwiebeln wieder in den Gartencentern und Supermärkten angeboten werden. Je größer die Zwiebel, desto besser die Blüten. Eine gute und gesunde Zwiebel ist prall und fest, und darf nicht ausgetrocknet, beschädigt oder mit Schimmel überzogen sein. Mit dem Einpflanzen sollte man nicht zu lange warten. Wer viel zu pflanzen hat, kann die Tulpenzwiebeln bis zum Schluss aufheben, sollte sie aber noch vor Ende Dezember in der Erde setzen.

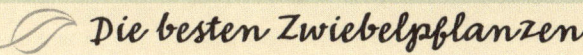

Die besten Zwiebelpflanzen

Blütezeit Januar bis März

Zwiebelpflanzen, die im Frühjahr und Frühsommer blühen, werden im Herbst gepflanzt.

Schneeglöckchen

(Galanthus) werden eigentlich besser „grün" gepflanzt (sie sollten schon ihre Blätter haben), aber in einer Stadt habe ich solche noch nie gesehen. Die Zwiebeln bekommt man günstig zu kaufen, sie brauchen jedoch ein Weilchen, bis sie richtig loslegen.

Krokusse (Crocus) sind spottbillig zu haben und können in den Rasen gesetzt werden. Später fangen sie an, das Gelände nach und nach zu bevölkern.

Traubenhyazinthen

(Muscari) blühen sehr zeitig und lieben offenen, durchlässigen Boden. Ihre Blütenstände sehen aus wie dunkelblaue Traubenbüschel.

Blütezeit April bis Juni

Tulpen (Tulipa). Der Trick bei billigen Tulpenzwiebeln besteht darin, sie wie Beetpflanzen zu behandeln, da sie im nächsten Jahr meist nicht mehr richtig blühen. Man setzt sie nahe an die Oberfläche (5–8 cm tief), damit sie sich leicht wieder herausziehen lassen, nachdem sie verblüht sind.

Hyazinthen (Hyacinthus) sind so pflegeleicht, dass man ihre Zwiebeln sogar in reines Wasser setzen kann. Billige Packungen mit gemischten Hyazinthenzwiebeln

enthalten oft Pflanzen in aufdringlichen Rosa-, Violett- und Blautönen. Wer es etwas zurückhaltender mag, sollte sich besser auf weiße oder blaue Sorten beschränken.

Blütezeit Juli bis September

Herbst-Alpenveilchen

(Cyclamen hederifolium) eignen sich für trockene Standorte und werden unter Bäume oder Sträucher gepflanzt. Die Zwiebeln, die oft als trockene, flache Scheiben verkauft werden, brauchen etwas Zeit, bis sie sich eingewöhnt haben. Wer also seinen Garten nur ein bis zwei Jahre behält, sollte sie als Geschenk an seine Nachfolger betrachten. Sobald sie sich heimisch fühlen, verbreiten sie überall ihre Samen. Man sollte sie im Spätsommer einpflanzen.

Herbstzeitlose (Colchicum speciosum) mit ihren markanten großen, becherförmigen Blüten brauchen volle Sonne und sehr durchlässigen Boden. Sie werden im Sommer oder Frühherbst gepflanzt.

Blütezeit Oktober bis Dezember

Herbstkrokusse (Crocus speciosus) gedeihen vor allem an Standorten, die im Sommer trocken sind. Sie lieben die pralle Sonne und sandige Erde und eignen sich gut für karge Böden in der Stadt. Im Spätherbst, sobald die Bodentemperatur sinkt und die Feuchtigkeit zunimmt, beginnen sie zu blühen. Gepflanzt wird am besten im Spätsommer.

Gegenüber: **Für eine Bepflanzung, die möglichst natürlich aussehen soll, werden die Zwiebeln in eine Schale gelegt und weggeschleudert. Dort, wo sie landen, werden sie in die Erde gesetzt.**
Rechts: **Osterglocken mögen zwar ein wenig an Stadtparks erinnern, sehen aber herrlich in Vasen aus und bringen im Frühjahr unansehnliche Wiesen zum Leuchten.**

Robuste Pflanzenvertreter

Bevor man mit dem Auspflanzen oder der Aussaat beginnt, sollte man den Boden so gut wie möglich von Unkraut befreien. Für alle, die beim besten Willen keine Zeit oder Kraft haben, ein verwahrlostes Stück Land in einen perfekten Zustand zu versetzen, gibt es auch ein paar robuste Vertreter unter den Pflanzen. Lässt man diesen am Anfang ein wenig Liebe angedeihen, gibt ihnen Dünger und etwas Wasser, dann machen sie dem Unkraut schnell Konkurrenz und verwandeln das gepachtete Stück Land in einen Garten. Einjährige Pflanzen sind schnellwüchsig und etablieren sich rasch, und wer seinen Garten nur ein oder zwei Jahre behalten will, sollte sich daher für Kapuzinerkresse und Mohn entscheiden.

Malven (Lavatera) sind robuste pflegeleichte Vertreter mit langer Blütezeit. Es gibt sie als wüchsige unkomplizierte Sträucher, von der hübschen *Lavatera* x *clementii* 'Barnsley' bis hin zu schönen einjährigen Sorten, wie etwa *Lavatera trimestris* 'Loveliness', einer traditionellen Becher-Malve, die in den letzten Jahren ihr Comeback erlebte und sich gegen die meisten Unkräuter behaupten kann. Sie besitzt eine aufrechte Wuchsform, kann bis zu 1 m hoch werden und bringt eine Fülle von becherförmigen rosaroten Blüten hervor. Im mittleren bis späten Frühjahr werden die Samen mit 15 cm Abstand in Furchen ausgebracht. Der Abstand zwischen den Reihen beträgt 30 cm. Malven bieten einen beeindruckenden Anblick, sogar auf schwachen Böden, und halten mit ihrem üppigen Blattwerk das Unkraut in Schach. Wer im ersten Jahr nichts weiter schafft, als ein paar Malven zu pflanzen, wird gewiss nicht enttäuscht sein.

Schlaf-Mohn (Papaver somniferum) ist eine eindrucksvolle Einjährige, die eine solche Größe und Höhe erreicht, dass man dahinter eine Unmenge von Sünden verbergen könnte. Ein Beet voller Mohnpflanzen ist ein echter Blickfang und lenkt von einem hässlichen Gartenpfad oder einem Büschel Unkraut ab. Die Blüten, die zumeist in verschiedenen rosa-violetten Tönen gehalten sind, wechseln gelegentlich ins Rote und fast Schwarze und werden von hübschen Samenkapseln abgelöst, welche die Pflanze bis weit in den Herbst hinein interessant machen. Vielleicht hat ja irgendjemand in der Nachbarschaft auch Mohnpflanzen und somit eine Menge Samen zu verschenken. Wer sich die Samen kaufen muss, braucht das allerdings nur einmal zu tun, da schon eine Pflanze mehr als genügend davon für das nächste Jahr produziert.

Mehrjährige Malvensträucher sind schnellwüchsig und blühen ab Sommermitte bis in den Herbst hinein. Sie brauchen einen sonnigen, geschützten Standort mit sehr durchlässigem Boden. Malven sind robust und eignen sich daher gut für Vorgärten in Gebieten mit hoher Umweltverschmutzung.

Klatsch-Mohn
(Papaver rhoeas)
breitet sich an allen
sonnigen Plätzen aus,
an denen seine Samen
verstreut werden.

Wer sich eine ordentliche Menge an Samen beschafft oder vielleicht vom letzten Jahr noch welche übrig hat, sollte von Mitte Februar bis Anfang Mai immer wieder eine Handvoll davon großzügig im ganzen Garten verteilen. Dadurch blühen die Mohnpflanzen nicht gleich alle auf einmal. Die Samen des Schlaf-Mohns keimen in nacktem Boden und sollten daher im Februar ausgebracht werden, wenn noch nicht viel anderes wächst. Bevor man die Samen ausstreut, empfiehlt es sich, den Boden mit einer Hacke oder einem Spaten ein wenig aufzulockern. Die Samen dürfen jedoch nicht eingegraben werden, da sie sonst nicht keimen.

Klatsch-Mohn *(Papaver rhoeas)*,

den es sowohl mit gefüllten als auch mit ungefüllten Blüten gibt, blüht etwas früher als Schlaf-Mohn und wird nicht ganz so hoch. Wer lange etwas davon haben möchte, kann die beiden Arten zusammen aussäen. Die lachsfarbenen Züchtungen des Klatsch-Mohns passen besonders gut dazu.

Kapuzinerkresse *(Tropaeolum majus)*

überwuchert selbst die schlimmsten Unkräuter und gibt sich mit dem kargen Boden vieler Hinterhofgärten zufrieden. Die Samen sind spottbillig zu haben, und es gibt viele wunderbare Varietäten. Besonders prächtig finde ich die mit den tiefroten Blüten.

Geranien *(Geranium)*,

oft auch Storchschnabel genannt, sind frostharte Pflanzen, in die sich jeder schnell verliebt. Sie dürfen allerdings nicht mit ihren Verwandten, den Pelargonien, verwechselt werden, die nicht so frosthart sind und als Zimmerpflanzen kultiviert werden. Frostharte Geranien sind so etwas wie eine Steigerung im Gartenniveau. Sie sind zwar etwas anspruchsvoller, aber auch verdammt widerstandsfähig. Sie können Schatten vertragen und haben meist auch nichts gegen pralle Sonne. Dadurch sind sie ideal für Gärten in der Stadt, die in der einen Hälfte des Tages von der Sonne beschienen und in der anderen Hälfte von den umliegenden Häusern beschattet werden. Gegen Trockenheit haben Geranien nichts einzuwenden, und mit ein bisschen Liebe blühen sie sich die Seele aus dem Leib. Wenn man sie Ende Juni stark zurückschneidet, blühen sie bis zum Oktober durch. Die Gattung der Geranien ist sehr umfangreich und hat für jeden Garten, ob klein, groß, feucht oder schattig, mindestens einen passenden Vertreter zu bieten.

Die Felsen-Geranie *(Geranium macrorrhizum)*,

wächst in der freien Natur gewöhnlich zwischen schattigen Felsen und Büschen der europäischen Gebirgsregionen. Dadurch ist sie ein perfekter Bodendecker (das bedeutet weniger Unkraut jäten) für trockene schattige Standorte. Sie wird bis zu 45 cm hoch, 60 cm breit und bringt rosa bis rosaviolette Blüten hervor. Ihre aromatisch duftenden Blätter färben sich im Herbst rot und gelb bevor sie abfallen. *Geranium* x *cantabrigiense* ist ebenfalls eine wertvolle Pflanze, die bis zu 15 cm hoch und 30 cm breit wird. Mit ihren zart duftenden immergrünen Blättern bildet sie einen dichten Teppich aus hellgrünem Laub. Sie eignet sich gut als Bodendecker für sonnige und schattige Standorte und bringt von Juni bis Juli hübsche Blüten in leuchtendem Rosa und Violett hervor. *Geranium phaeum* 'Album' ist gut für schattige oder halbschattige Plätze geeignet. Sie wächst zu großen Büscheln mit 80 cm Höhe und 40 cm Breite heran. In milden Lagen mit Temperaturen von mindestens 5 °C behält sie im Winter ihre Blätter und blüht von Mai bis Juni. Lässt man sie in Ruhe, dann blüht sie später ein weiteres Mal. Auffällig sind auch die violetten Flecken auf ihren Blättern. Ich mag die weiß blühende Sorte 'Album' lieber als die einfache *Geranium phaeum*, deren Blüten oft in einem etwas trüben und trostlosen Rotviolett erscheinen.

Gärtner-leidenschaft in Töpfen

Von Blechdose bis Weinkiste

Töpfe und Kübel lachen allen ins Gesicht, die behaupten, nicht gärtnern zu können, weil sie keinen Garten haben. Mit ein paar Pflanzgefäßen kann man sich seinen Garten auf dem Balkon, auf dem Hausdach, in einem betonierten Innenhof oder an den herrenlosen Plätzen hinter Bürogebäuden anlegen. Wer zur Miete wohnt, hat mit Kübeln die Möglichkeit, dem Gärtnern zu frönen und dann alles mitzunehmen, wenn der Umzug ansteht.

Bei vielen Leuten fängt die Gartenleidenschaft mit Pflanzgefäßen an. Das macht sich gut, weil man die Bedingungen unter Kontrolle hat. Manche haben zwar einen richtigen Garten, gärtnern aber trotzdem lieber in Kübeln. Mit Pflanzgefäßen hat man die Möglichkeit, sich auch dann einen Garten anzulegen, wenn man ein Problem mit den Nachbarskatzen hat, wenn der Standort ehemals verunreinigt war oder der Boden kaum mehr als ein Schutthaufen ist. Ich selbst habe jetzt zwar endlich ein Stück Land, aber meine Kübel verwende ich immer noch.

Wo fängt man an, wenn man sich entschlossen hat, mit Töpfen und Kübeln zu gärtnern? Hierbei sollte man genauso vorgehen wie bei jeder anderen Art des Gärtnerns. Zum Glück gibt es ja eine Menge Dinge, die man als Pflanzgefäße nutzen kann. Am besten ist es, entweder dezent und minimalistisch zu sein oder exzentrisch und vielseitig. Man könnte sich zum Beispiel auf nur einen Typ Pflanzgefäß beschränken oder aber jeden beliebigen Gegenstand, der eine Pflanze beherbergen kann, zweckentfremden, solange man das nötige Gespür und ein gutes Auge hat – alte Stiefel oder Toilettenschüsseln sind tabu!

In Weinkisten mit ihren schönen aufgeprägten Logos lassen sich wunderbar Salatpflanzen anbauen. Portugiesische Portweinkisten sind in der Regel sehr gut verarbeitet. Damit sich das Holz nicht verzieht, empfiehlt es sich, die Ecken mit Metallklammern zu fixieren und die Kiste mit einem speziellen Öl zu behandeln, damit sie wetterfest wird. Außerdem muss man Löcher in den Boden bohren, durch die das Wasser ablaufen kann. Radieschen, Pflücksalate, Frühlingszwiebeln, Asia-Salate, Tomaten und Kräuter lassen sich wunderbar in Kisten anbauen.

Alte Schubladen geben auch gute Pflanzgefäße ab. Auch hier ist es wichtig, sie wetterfest zu machen und mit Abflusslöchern zu versehen. Außerdem sollte man die Schubladen mit Kunststoff auslegen, da sie nicht für einen Einsatz im Freien vorgesehen sind, und die Ecken mit Klammern verstärken. Große tiefe Schubladen (20–30 cm) sind am besten, da man Wurzelgemüse, wie Rote Bete und Weiße Rüben oder Kohlrüben, darin unterbringen oder gleich ganze Salatbeete anlegen kann.

Holzgefäße behandeln

Alle Gefäße aus Holz müssen behandelt werden. Öl macht das Holz wasserfest, aber erlaubt ihm zu atmen, sodass es trocknen kann, wenn es nass geworden ist. Ich verwende Danish Oil, eine Mischung aus verschiedenen Ölen, die

Salatkisten – Holzkisten sind schicke Behälter für Sommersalate. Ob eine alte Schublade oder eine flippige Weinkiste, ein ganzer Sommervorrat an Gemüse und Salat lässt sich darin anbauen.

nach dem Trocknen eine harte Oberfläche bilden. Man muss mindestens drei Schichten auftragen. Sparen lohnt sich nicht, denn je mehr Schichten man aufbringt, desto haltbarer wird das Holz. Gekochtes Leinöl ist zwar billiger, aber es braucht mehr als eine Woche, bis es richtig getrocknet ist und kann das Holz klebrig machen. Ich habe festgestellt, dass es sich gut für Weinkisten eignet, da hier das Holz so trocken ist, dass das Öl gut einziehen kann. Für vorbehandeltes Holz taugt es allerdings nicht.

Der Versuchung, die Holzkisten zu lackieren, sollte man jedoch widerstehen, weil das bloß zusätzliche Arbeit bedeutet. Der Lack erzeugt eine undurchlässige Schicht, die das Wasser nur äußerlich fernhält. Hat die Kiste jedoch einen kleinen Riss oder Ähnliches, dann kann das Wasser zwar hinein-, aber nicht wieder herausgelangen, sodass das Holz im Inneren zu faulen beginnt.

Dosen, Säcke und Tüten

Zu meinen Dosen-Lieblingen gehören die hübsch designten eckigen Dosen für eingelegte Oliven. Solche bekommt man vielleicht bei einem Marktstand, an dem Oliven verkauft werden. Man kann auch in Restaurants nach leeren Speiseölkanistern fragen. Solche Metallkanister muss man oben abschneiden, und zwangsläufig fangen sie auch an zu rosten, aber das kann durchaus gut aussehen. Das Wasser kann am besten abfließen, wenn man die Löcher nicht direkt in den Boden bohrt, sondern knapp am unteren Rand entlang.

Behälter für Babynahrung oder große Kaffeedosen bieten schöne kleine Gefäße für Kräuter. Dazu entfernt man die Etiketten und malt die Dosen farbig an. Mit einem großen Nagel sticht man Abflusslöcher in den Boden und ordnet mehrere Dosen nebeneinander auf einer Mauer oder auf dem Fensterbrett an. Man findet übrigens auch herrliche Dosen im Retro-Design. Für Flachwurzler, wie Alpenpflanzen und Sukkulenten, sind sie allesamt gut geeignet. Kartoffeln lassen sich so einfach in Behältern anbauen, dass ich es schon fast aufgegeben habe, sie im Boden anzupflanzen. Ich habe mir vor ein paar Jahren fünf riesige Kübel gekauft (etwa von der Größe einer Mülltonne) und baue mir darin seitdem nahezu mühelos meinen Sommervorrat an. In alten Säcken mit Erde oder Mulch wachsen die Knollen aber genauso gut. Diese lassen sich gut unter Leinensäcken verbergen. Die Leinensäcke der Saatkartoffeln sind besonders schön. Man kann im Gartencenter danach fragen, wenn man im Frühjahr dort seine Kartoffeln kauft.

Das allerbilligste Pflanzgefäß ist zwar nicht schick, aber es überzeugt durch seinen praktischen Nutzen und seinen Preis – die Plastiktüte. In ihr kann man nahezu alles anpflanzen – sofern sie nicht transparent ist, da Wurzeln kein Licht vertragen. Ein guter Trick ist, gleich die Säcke mit der Pflanzerde zu verwenden. Dazu kauft man kleine bis mittelgroße Säcke mit Universalerde für Kübelpflanzen, schneidet sie oben auf, sticht ein paar Abflusslöcher in den Boden, und schon kann's losgehen. Auf diese Weise lassen sich Tomaten, Zucchini, Kartoffeln, Mangold und Erbsen anbauen.

Gegenüber: **Kartoffelernte. Das Kartoffelkraut entfernen und den Kübelinhalt auf eine Unterlegplane schütten.** Mitte: **Eine Pflanze bringt viele Kartoffeln hervor.** Rechts: **Bunte Speiseölkanister – eine flippige Alternative zu Plastiktöpfen.**

Pflanzenerde: die richtige Mischung

Für Pflanzgefäße braucht man gute Erde, die Feuchtigkeit speichert, aber durchlässig ist und eine gute Zusammensetzung aufweist, damit sie sich bei Nässe nicht verdichtet und verschlämmt. Das ist sehr wichtig, weil die Erde in den Töpfen beim Gießen viel Wasser abbekommt, aber Luft für die Wurzeln ebenso lebensnotwendig ist wie Wasser. Natürlich kann man sich seine Pflanzerde auch selbst herstellen. Dazu verwendet man Lehm, selbst gemachten Kompost, Sand und Laubkompost. Für alle, die nur einen kleinen Garten haben, wäre es allerdings eher unpraktisch, die einzelnen Zutaten zu lagern. Oftmals ist es einfacher, wenn man sich die passende Erde gleich fertig kauft.

Die meisten Kübelpflanzen gedeihen am besten in lehmhaltiger Erde. Diese ist sehr fruchtbar und setzt sich in ungefähr gleichen Teilen aus Ton, Sand und Schlick zusammen. Fertig gekaufte Lehmerde ist immer sterilisiert und somit frei von Bakterien und möglichen Krankheiten.

Das Angebot an Erd-Substraten in den Gärtnereien, Gartencentern etc. ist vielfältig:

Aussaat- und Pikiererde: Die Spezialerde für die erfolgreiche Aussaat und Anzucht aller Pflanzen. Die extrafeine Struktur und die gute Wasserführung sorgen stets für optimale Keimergebnisse. Sie ist frei von Unkraut und schädlichen Keimen und eignet sich auch sehr gut für die Stecklingsvermehrung.

Standard Pflanzerde: Für alle Blumenarten im Freiland universell einsetzbar, ausgenommen Moorbeetpflanzen. Diese Pflanzerde enthält alle für das Pflanzenwachstum wichtigen Nährstoffe.

Balkon- und Kübelpflanzenerde: Für die blühenden Topf-, Balkon- und Kübelpflanzen.

Diverse Spezialerden: Beispielsweise für Rosen, Kakteen, Zitruspflanzen, Rhododendren, Hortensien, Azaleen und Heidekrautgewächse.

Torf ist tabu

Bis hierhin ist alles sehr einfach, aber trotzdem gibt es noch einige Entscheidungen zu treffen. Man hat nämlich die Wahl zwischen Pflanzerde auf Torfbasis und einer torffreien Alternative. Der Umwelt zuliebe bitte keinen Torf nehmen! Dieser ist weder wirtschaftlich noch ökologisch erneuerbar. Torf ist ein wirklich erstaunliches Substrat – er ist träge, durchlässig und sorgt für ideale Wachstumsbedingungen – sodass viele nur sehr ungern auf ihn verzichten wollen. Es gibt jedoch ein paar gute Alternativen, von denen die meisten aus Kokosfasern (einem Nebenprodukt der Kokosnuss-Industrie) oder Gartenabfällen hergestellt werden. Kokosfasern speichern das Wasser gut und sind durchlässig wie Torf. Manche meinen, dass sie für Samen und Sämlinge etwas zu durchlässig seien, aber da sie das Wasser wieder schnell absorbieren, sind sie eine ideale Alternative, sofern man sich beim Gießen etwas vorsieht. Bei Gartenabfällen kann es sich um eine Mischung aus allen möglichen Dingen handeln, von Holzhäckseln bis hin zu organischen Haushalts- und Gartenabfällen, die von den Gemeinden zur Wiederverwertung gesammelt werden. Das Geheimnis besteht darin, die torffreien Alternativen nicht wie Torferde zu behandeln, da sie andere Eigenschaften besitzen. Man sollte daher bereits beim Kauf darauf achten, ob man anders damit umgehen muss als mit torfhaltiger Erde.

Die Hersteller erfanden die Universalerde, die es irgendwie schafft, alle Anforderungen zu erfüllen – mehr oder weniger. Sie ist sozusagen ein Allround-Talent. Als Anzuchterde für Samen und Stecklinge ist sie zwar geeignet, gibt aber den Pflanzen nicht unbedingt den besten Start. Für Topfpflanzen ist sie eine gute Wahl, hat aber in der Regel nur einen begrenzten Nährstoffgehalt. Wenn möglich, sollte man nur einen Sack Pflanzerde kaufen und danach eine torffreie Universalerde.

Als Faustregel gilt, die Universalerde immer je nach Bedarf zu verändern. Für Sämlinge muss man ihr etwas mehr Struktur verleihen, indem man Universalerde und Vermikulit ungefähr zu gleichen Teilen mischt. Vermikulit ist ein natürliches vulkanisches Mineral, das Wasser speichert und es bei Bedarf an die Pflanzen abgibt. Für Stecklinge gebe ich rund 25 bis 50 Prozent feinen Kies dazu – je nachdem, welche Anforderungen die Pflanzen haben. Für bestimmte Gruppen von Kübelpflanzen verwende ich auch Spezialmischungen.

Spezialmischungen

Durchlässige Mischung für Sukkulenten, mediterrane Pflanzen und Kakteen

2 Teile Universalerde
1 Teil feiner Kies
1 Teil Sand
1 Handvoll (pro Topf) Langzeitdünger, z.B. granulierter Hühnerdung

Mischung für Gemüse- und Blütenpflanzen

4 Teile Universalerde
1 Teil Vermikulit
2 Teile feiner Rindenkompost
1 Handvoll (pro Topf) Langzeitdünger, z.B. granulierter Hühnerdung

Superleichte Mischung für Dachgärten und Balkone

Pflanzen auf Dachgärten und an ungeschützten Standorten müssen häufiger gegossen werden, da sie dort dem Wind ausgesetzt sind und somit schneller austrocknen. Jedes leichte Substrat trocknet naturgemäß schnell aus, sodass die Kübel oft gegossen werden müssen.

2 Teile Universalerde
1 Teil Vermikulit oder Perlit
(Vermikulit speichert das Wasser besser. Perlit, auch ein sehr poröses vulkanisches Mineral, ist ziemlich staubig, daher sollten Asthmatiker vorsichtig sein.)
1 Teil Polystyrol
(Das hat zwar keinerlei Nährwert, aber es ist leicht, macht den Boden durchlässig und kostet nichts. Polystyrol-Kügelchen werden meist als stoßdämpfendes Verpackungsmaterial für Haushaltsgeräte verwendet und sind überall in den Mülltonnen zu finden.)
2 Teile feiner Rindenkompost
1 Handvoll (pro Topf) Langzeitdünger, z.B. granulierter Hühnerdung

Bei Pflanzerde sollte man nicht sparen, sondern die beste Qualität kaufen, die man sich leisten kann. Das zahlt sich auf Dauer aus.

Rechts:
Anfängerglück: Knoblauch lässt sich leicht in Töpfen anbauen. Die einzelnen Knollen werden im Herbst eingepflanzt und treiben noch vor Weihnachten aus.

Gegenüber:
Sektkisten sind ideal für Fensterbänke.

ΕΚΛΕΚΤΕΣ
ΕΛΙΕΣ
ΠΙΡΕΤΙΚΗΣ ΠΟΙΟΤΗΤΟΣ

SELECTED
OLI

Gemüsevielfalt aus dem Kübel

Pflanzen, die in Kübeln wachsen, sind in jeder Hinsicht darauf angewiesen, dass man sich um sie kümmert. In einem Behälter lassen sich auch mehrere Kulturen nacheinander anbauen, solange man die Pflanzen gut mit Nährstoffen versorgt. Immer wenn man mit neuen Sämlingen anfängt, muss die bestehende Erde im Pflanzgefäß wieder mit Nährstoffen angereichert werden, indem man eine Schicht frischen Kompost untermischt.

Bei heißer Witterung müssen Gemüsepflanzen täglich gegossen werden. Wer das nicht schafft, sollte Gemüsesorten anbauen, die man noch vor der größten Hitze im Sommer ernten kann, wie Rucola, Kartoffeln und Rhabarber, der sich in einem großen Kübel besonders wohlfühlt. Gießen sollte man früh am Morgen, bevor man zur Arbeit geht, da die Pflanzen das Wasser dann am besten nutzen können. Ein halber Liter Wasser um sieben Uhr morgens entspricht zehn Litern zur Mittagszeit. Abendliches Gießen ist fast genauso gut.

Folgeaussaat

Wenn man im Laufe einer Saison wenig aussät, aber dafür häufig, kann man seinen ganzen Sommervorrat mit schnellwüchsigem Gemüse, wie Radieschen, Kopfsalat und Erbsen, decken. Die Leute machen oft den Fehler, zu viel auf einmal auszusäen und haben am Ende mehr, als sie verbrauchen können. Sobald die erste Saat den Kopf aus dem Boden steckt, ist

es Zeit, mit der nächsten zu beginnen und somit eine Ernte über mehrere Monate zu sichern. Es lohnt sich, die Sämlinge in Anzuchtplatten anzupflanzen, die in einzelne Mulden für jeweils einen Sämling unterteilt sind. Zwischen den einzelnen Aussaaten sollten jeweils vier bis fünf Wochen Zeit liegen, wer jedoch genügend Pflanzgefäße hat, kann auch alle zwei bis drei Wochen aussäen. Nachdem man das Gemüse geerntet hat, braucht man nur etwas frische Erde in die frei gewordenen Mulden zu füllen und mit neuen Samen zu bestücken. Wem das zu viel Arbeit ist oder wer es zu umständlich findet, viele Anzuchtkästen mit keimenden Samen und heranwachsenden Pflänzchen herumstehen zu haben, kann den Topf oder Kasten auch nur zur Hälfte mit Samen bestücken und sich nach ein paar Wochen dann die andere Hälfte vornehmen.

Alles über Salat

Viele Gemüsearten können problemlos in Kübeln kultiviert werden (siehe im Kapitel „Pflanzenverzeichnis" ab Seite 176). Salatpflanzen sind jedoch besonders lohnenswert. Sie lassen sich ganz einfach anbauen und man kann eine Kiste eventuell durch einen milden Winter bringen. Salat lässt sich wunderbar aussäen. Man braucht nur die Erde im Topf zu gießen, die Samen daraufzustreuen, mit gerade so viel Erde zu bedecken, dass sie verschwunden sind, und schon legen sie los. Es gibt

wunderbare Salatsorten, die viel leckerer sind als die in den Supermärkten. Salatpflanzen lassen sich in zwei große Gruppen unterteilen, nämlich in Kopfsalat und Blattsalat. Wer erst einmal die Unterschiede entdeckt hat, wird sich bald auf die Suche nach dem klassischen Bataviasalat 'Pierre Bénite' oder der alten und raren tschechischen Sorte 'Lednicky' machen. Bis dahin gibt es aber noch eine Vielzahl anderer, die unseren Gaumen erfreuen.

Blattsalate eignen sich am besten für kleine Gärten. Man kann sie als Schnittsalat anbauen, indem man die Blätter bereits mit einer Größe von 5–10 cm abschneidet und nicht erst auswachsen lässt. Nur etwa einen Monat nach der Aussaat kann man ganze Schüsseln voll leckerer Blättchen genießen. Drei Wochen nachdem man die ersten Blätter abgeschnitten hat, sind schon die nächsten herangewachsen. Und wenn es nicht gerade glut-heiß ist, kann man auch ein drittes oder gar viertes Mal ernten. Mit einer zweiten Kiste, die man zwei Wochen nach der ersten Kiste besät, kann man sich seinen Salatvorrat über Monate sichern.

Bei großer Hitze bekommt Salat derbe Blätter oder fängt an zu schießen (Samen zu bilden). Daher sollte die Aussaat vom späten Frühjahr bis in den Frühsommer und erneut vom Spätsommer bis in den Herbst hinein erfolgen. Die Samen werden mit je 1 cm Abstand in breite Furchen gelegt, und die einzelnen Reihen sollten jeweils 10 cm aus-einanderliegen. Wer runde Pflanztöpfe verwendet, verteilt eine kleine Menge Samen überall auf der Erdoberfläche. Beim Kauf des Saatguts ist darauf zu achten, dass auf der Tüte „Schnittsalat" oder „Pflücksalat" steht. Wen es nach knackigen Salatköpfen verlangt, der sollte Romana-Salat oder Buttersalat für das späte Frühjahr und den Früh-sommer aussäen und für später noch ein paar andere Sorten. Kopfsalate sind sehr dekorativ, aber hat man ihnen erst einmal den Kopf abgeschnitten, dann war's das. Wer nicht gleich den ganzen Salat braucht, sondern nur ein paar Blätter auf sein Sandwich legen möchte, muss dazu nicht gleich den ganzen Kopf ernten, sondern kann auch nur die äußeren Blätter entfernen. Kopfsalatpflanzen müssen, wenn sie groß genug sind, auf 15 cm Abstand zueinander ausgedünnt werden (die dabei entfernten Blätter kann man essen) und brauchen etwa drei Monate, bis sie zu einem knackigen Salatkopf herangewachsen sind.

Bei Hitze fängt Salat an zu schießen und wird riesig. Am Ende der Saison lasse ich allerdings einige meiner Pflanzen gewähren, um dadurch Samen für das nächste Jahr zu gewinnen oder um mich einfach an dem Anblick zu erfreuen und meinem Kübelgarten eine neue Dimension zu verleihen. Neuerdings erfreuen sich Saladini großer Beliebt-heit. Das sind Salatmischungen aus vielen verschiedenen Sorten, wie Pak-Choi, Sibirischem Kohl, Rucola, China-kohl, Feldsalat und Endiviensalat. Asiatische Mischungen sind würziger als mediterrane Versionen. Wenn man sie genauso wie Schnittsalat aussät, kann man monatelang ern-ten, bis die Blätter schließlich derb werden. Die derben Blät-ter aus asiatischen Mischungen lassen sich gut für Pfannen-gerichte verwenden. Mit etwas Planung und einer Schutz-abdeckung aus Vlies oder Luftpolsterfolie kann man sogar bis Oktober im Freien aussäen. Ich habe meist eine würzige Salatmischung und eine Weinkiste mit Schnittsalat im An-bau, die ich ungefähr mit zwei Wochen Abstand ausgesät habe. Dadurch sorge ich für Abwechslung zwischen mild und würzig.

In Kisten und Kübeln lassen sich auch andere wunder-bare Salate anbauen, wie etwa Rucola (der erfreulicherweise schneller heranwächst als alles andere), Winter-Portulak, Tellerkraut (das sogar einen milden Winter übersteht), Feld-salat, Senfkohl und Endivien (die sowohl Augen als auch den Gaumen erfreuen).

Ernte im Winter

Obwohl die meisten Pflanzen ihr Wachstum bei Tempe-raturen unter 6 °C einstellen, gibt es viele, die es sogar bis -5 °C aushalten. In Gegenden mit mildem Klima kann man mit Hilfe von schützender Luftpolsterfolie daher versuchen, ein paar Behälter mit Gemüsepflanzen durch den Winter zu bringen. Dort, wo es zu kalt wird oder der Platz knapp ist, sollte man lieber Schnittsalat auf der Fensterbank anbauen.

Es sind ungefähr drei Aussaaten erforderlich, und zwar Anfang September, Anfang Oktober und Mitte Februar. Im September kann man asiatische Blattsalate aussäen sowie Wintersalatsorten und Winterportulak. Koriander, Sellerie und Gartenmelde ergeben schmackhafte Schnittsalate.

Schnellwüchsiges Gemüse, wie Rucola, Krene und Senf, wird im Oktober ausgesät.

Oben: Bei heißer Witterung fangen Salate oft an zu blühen und Samen zu bilden, die man dann für das nächste Jahr ernten kann. Links und rechts: Eine schützende Abdeckung aus Luftpolsterfolie hilft Spätsommersalate durch einen milden Winter.

Farbexplosion im Fensterkasten

Jeder hat in seiner Stadt eine Lieblingsstraße – man biegt um die Ecke und da ist sie, eine wahre Explosion aus Farbe auf irgendjemands Fensterbank. Ein schöner Blumenkasten ziert nicht nur ein Haus, sondern kann eine ganze Straße verwandeln. Blumenkästen zeigen ihre Wirkung aber nicht nur nach außen. Sie besänftigen auch den Blick von drinnen und bringen die Natur ans Fenster, sodass Schmetterlinge, Bienen und Vögel sogar einem dreißigstöckigen Hochhaus gern einmal einen Besuch abstatten.

Dazu braucht man ein Fenster, das sich richtig öffnen lässt oder das zumindest leicht und bequem von außen zu erreichen ist, und natürlich eine Fensterbank. Auch auf besonders breiten Fensterbänken ist es wichtig, dass man die Kästen gut befestigt. Hat man sie erst einmal mit Erde gefüllt und gegossen, werden sie richtig schwer und wären eine große Gefahr, wenn sie herunterfallen würden. Spezielle Halterungen für Fensterkästen findet man in Eisenwarenläden, Gartencentern und im Internet. Man kann aber auch eine einfache Absperrung anbringen, die über die gesamte Vorderkante der Fensterbank reicht.

Ein Leben auf der Fensterbank

Auf Fensterbänken herrschen oft raue Bedingungen, da sie praller Sonne und starkem Wind ausgesetzt sind. Bei Regen bekommen Fensterbänke erstaunlicherweise nur wenig Wasser ab. In Verbindung mit dem Wind und der Tatsache, dass Blumenkästen den Wurzeln im Allgemeinen eine eher flache Wachstumsgrundlage bieten, wird einem schnell klar, dass die Pflanzen hier äußerst trockene Bedingungen überstehen müssen. Um sich viel Arbeit zu ersparen, sollte man daher Pflanzen wählen, die diesen Gegebenheiten gewachsen sind. Geeignet sind frühlingsblühende Zwiebelpflanzen, die alles nutzen, was sie finden können, und bis zum Sommer halten, sowie Efeu, der auf der Suche nach Licht überall hinklettert.

Im Hochsommer muss regelmäßig gegossen werden. Das gilt auch für trockenheitsverträgliche Pflanzen. Außerdem müssen die Pflanzen im Kasten alle zwei Wochen mit einem Flüssigdünger versorgt werden, damit sie genügend Nährstoffe haben, um kräftig zu gedeihen. Blumenkästen werden meist saisonal bepflanzt. Das bedeutet, dass man die Pflanzen, nachdem sie ihren Dienst geleistet haben, wieder entfernt und den Kasten mit frischer Erde und neuen Pflanzen bestückt. Ein ermüdeter Blumenkasten ist ein wahrhaft trauriger Anblick. Wer genügend Platz hat, kann mehrjährigen Pflanzen nach Ende ihrer Blütezeit auch anderswo ein Zuhause geben.

Links: Diese Ziertabakpflanzen (*Nicotiana*) wurden in der Ecke einer Schnäppchen-Abteilung verkauft. Mit ein bisschen Liebe gepflegt, haben sie sich den ganzen Sommer lang die Seele aus dem Leib geblüht. **Gegenüber oben:** Blumenkästen im klassischen Stil, wie hier mit roten Pelargonien, sind einfach unschlagbar. **Gegenüber unten:** Ein winterlicher Blumengruß auf dem morgendlichen Weg zur Arbeit.

Kapuzinerkresse hat farbenprächtige essbare Blüten und ist ideal für heiße sonnige Fensterbänke.

Mauerwerk

Wer nur eine sehr schmale und sehr heiße Fensterbank besitzt und wenig Lust auf ständiges Gießen hat, braucht trotzdem nicht auf Pflanzen zu verzichten. Die wenigste Arbeit hat man mit flachwurzelnder Fetthenne (*Sedum*) oder Hauswurz (*Sempervivum*). Das sind Gebirgspflanzen, die an ein Leben in sehr flachem und kargem Boden unter extremen Bedingungen gewöhnt sind. *Sedum*-Arten, wie *Sedum acre* und *Sedum rupestre*, sind teppichbildende mehrjährige Sukkulenten, die extreme Bedingungen vertragen und im Spätsommer und Frühherbst üppig blühen.

Am einfachsten lassen sie sich in Hohlziegeln anpflanzen – das sind die Mauerziegel mit den Löchern. Man legt das ganze Fensterbrett mit diesen Ziegeln aus und befüllt jedes Loch zur Hälfte mit einem Gemisch aus zwei Teilen guter Universalerde und einem Teil feinem Kies oder Vermikulit. Das kann etwas mühselig sein, weil die Erde immer wieder unten durchrutscht, sodass man sie so fest wie möglich hineinpressen sollte. Danach bricht man sich von der Pflanze einzelne Rosetten mit Wurzeln ab, die groß genug sind, um den Platz in den Löchern auszufüllen und drückt sie behutsam in einzelne mit Erde gefüllte Löcher. Die bepflanzten Ziegel werden auf ein Tablett mit Wasser gesetzt, bis sich die Erde richtig vollgesogen hat, und danach auf das Fensterbrett gelegt. Vor dem Bepflanzen einen Draht durch die Löcher ziehen und die Ziegel damit an einem Haken befestigen, der am Fensterrahmen angebracht wurde. Die Pflanzen können in dieser unwirtlichen Umgebung gedeihen, weil die Ziegel so porös sind und genau die richtige Menge Wasser aufnehmen und abgeben. Nach einer Weile sind die Ziegel dann ganz mit Rosetten überwuchert. Wenn es besonders heiß ist, kann man sie ruhig mit etwas Wasser besprühen. Ab und zu ist entfernt man ein paar abgestorbene Rosetten und Blütenstiele, gibt ihnen gelegentlich vielleicht etwas Blattdünger, und das war's auch schon.

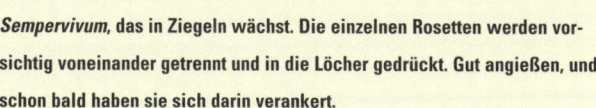
Sempervivum, das in Ziegeln wächst. Die einzelnen Rosetten werden vorsichtig voneinander getrennt und in die Löcher gedrückt. Gut angießen, und schon bald haben sie sich darin verankert.

Fensterkästen selbst gemacht

Aus Weinkisten, CD-Regalen und Sperrholz kann man sich einen einfachen Fensterkasten zusammenzimmern. Wer Holz verwendet oder im Sperrmüll sogar einen alten Terrakotta-Trog findet, muss seinen Fensterkasten mit wasserdichtem Material auslegen, damit das Wasser nicht abfließen kann und die Pflanzen etwas davon haben.

Wenn man sich einen Kasten aus recycelten Holzkisten baut, muss man die Ecken mit Klammern verstärken, damit sich das Holz nicht verziehen oder splittern kann. In den Boden werden Abflusslöcher gebohrt. Billige Blumenkästen aus Kunststoff haben nie Abflusslöcher, sodass man erst welche hineinstechen muss, bevor man sie bepflanzen kann. Das geht am besten mit einem Messer oder einem großen Nagel, den man über einer Gasflamme heiß gemacht hat.

Die Besten für die Kästen

Diese Pflanzen können allein eingepflanzt oder miteinander kombiniert werden.

Essbare Pflanzen
Sonnige Fensterbank

Schnittlauch, Basilikum (Griechisches oder Busch-Basilikum), Petersilie, Koriander.

Trockenheitsverträgliche Pflanzen

Thymian, Oregano (Wilder Majoran), Salbei.

Halbschattige Fensterbank (z.B. nordgerichtet)

Petersilie, Schnittlauch (verträgt etwas Schatten), Minze (gedeiht im Schatten, solange sie gut gewässert wird; daher muss die Erde mit organischem Material, wie selbst gemachtem Kompost oder Rindenkompost angereichert werden).

Blühende Pflanzen
Sonnige Fensterbank

Kapuzinerkresse, Petunien, Geranien, Fetthenne. Ziertabak (*Nicotiana* 'Lime Green'), Studentenblumen (*Tagetes patula*).

Halbschattige Fensterbank

Purpurglöckchen (*Heuchera sanguinea*) und ihre Kultursorten, Aurikeln (*Primula auricula*, blüht von März bis Mai), winterblühende Besenheide (*Calluna vulgaris*).

Blütenpflanzen für den Winter und das zeitige Frühjahr

Besenheide (*Calluna vulgaris*), Hebe, z.B. 'Youngii', Efeu (*Hedera*), Veilchen – mit *Zwerg-Narzissen* (*Narcissus*), Krokussen (*Crocus*) oder Traubenhyazinthen (*Muscari armeniacum*) unterpflanzen.

Trockenheitsverträgliche Pflanzen

Aloe (*Aloe aristata*), Hauswurz (*Sempervivum*), Fetthenne (*Sedum*), Pfennigbaum (*Crassula*).

Links und
gegenüber: **Diese
Aloe-Pflanzen** *(Aloe
aristata)* **wachsen in
einem alten CD-Regal.
Für Gewächse, die es
gern trocken und
durchlässig haben,
sind das die idealen
Fensterkästen.**

Der Zimmergarten

Lange Zeit war ein Zimmergarten mein einziger Garten, und ich finde, dass Zimmergärtnern wunderbar ist. Es wird zwar immer als arme Verwandte des „richtigen" Gärtnerns im Freien angesehen, aber das ist nicht so. Es wird höchste Zeit, den Ruf des Zimmergartens endlich einmal aufzupolieren.

Frische Luft durch Pflanzen

Während man sich auf dem Nachhauseweg seinen Weg vorbei an unzähligen Autos und Bussen bahnt, könnte man meinen, dass die Luft da draußen wirklich schlecht ist. Die traurige Wahrheit aber ist, dass drinnen auch nicht gerade rosige Bedingungen herrschen. Wissenschaftliche Untersuchungen haben gezeigt, dass das Klima in unseren Räumen bis zu zehnmal stärker verschmutzt sein kann als draußen. Vor hundert Jahren waren die Haushalte noch voll von natürlichen Materialien: viel Holz, Woll- und Baumwolltextilien und ein paar Dinge aus Metall. Heutzutage umgeben wir uns dagegen mit einer riesigen Menge an Chemie.

Man sollte sich also lieber ein paar Zimmerpflanzen zulegen, anstatt haufenweise Geld für Luftreiniger oder

Links: Meine Avocado und mein Bogenhanf (*Sansevieria trifasciata*) halten sich gegenseitig bei Laune. Bogenhanf ist unverwüstlich und sollte in keinem Haushalt fehlen.

Gegenüber: Diese Goldene Efeutute (*Epipremnum aureum*), die sich ihren Weg quer durch das Büro meiner Freundin Silvia gebahnt hat, liebe ich über alles.

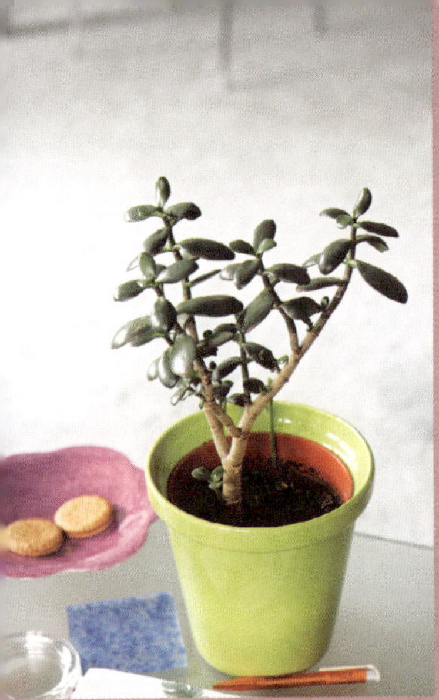

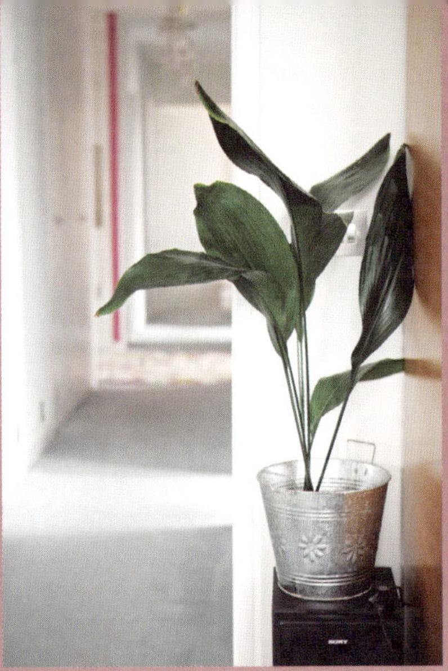

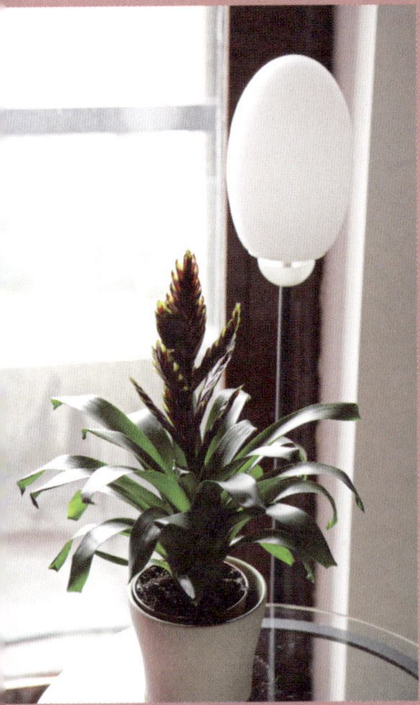

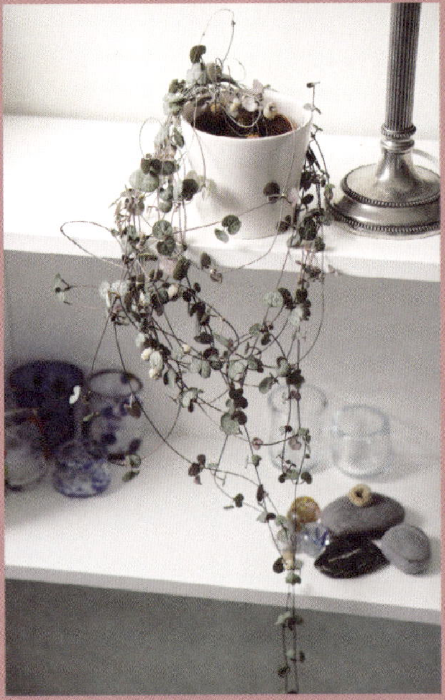

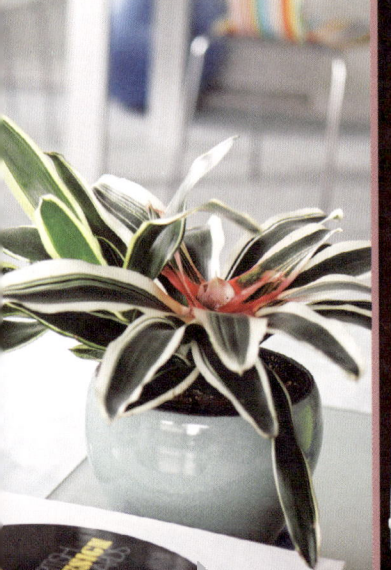

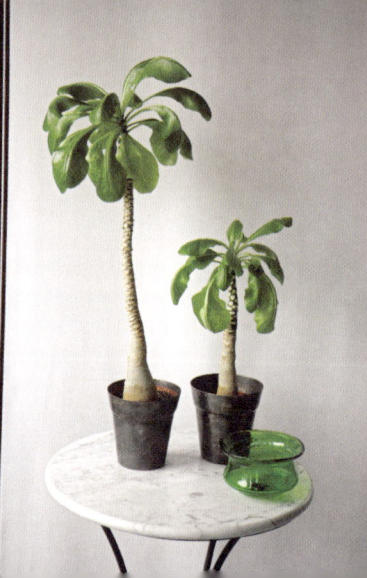

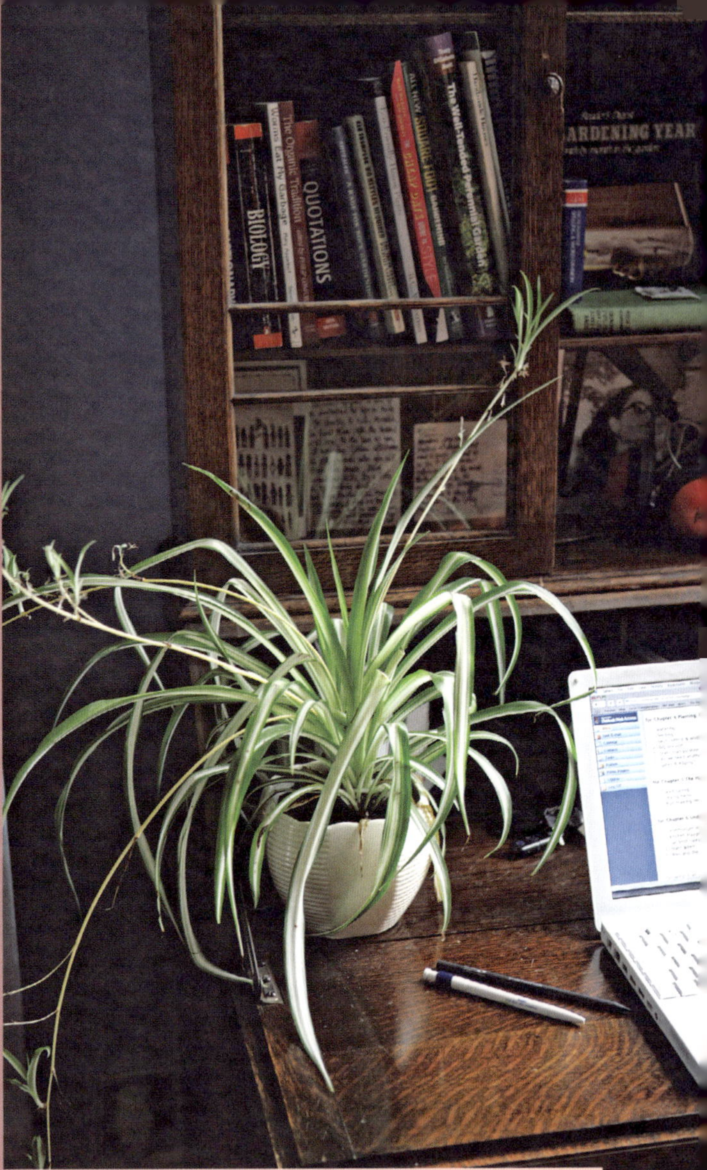

Schadstoffkiller

Goldfruchtpalme (*Chrysalidocarpus lutescens*)

Steckenpalme (*Rhapis excelsa*)

Gummibaum (*Ficus elastica* 'Robusta')

Drachenbaum (*Dracaena* spp.)

Gemeiner Efeu (*Hedera helix*)

Einblatt (*Spathiphyllum* spp.)

Gerbera (*Gerbera jamesonii*)

Grünlilie (*Chlorophytum comosum*)

Entlüfter auszugeben. Das mag zwar einfach klingen, aber Pflanzen sind eben die besten Klimaanlagen, die es gibt. Die beste Luft reinigende Wirkung haben tropische Gewächse.

Diese Pflanzen haben sich so entwickelt, dass sie viel Wasser über die Blätter verdunsten können. Dadurch ist es ihnen möglich, im lichtarmen Dickicht des Regenwaldes zu überleben – einer Umgebung, die in vielerlei Hinsicht den Bedingungen in unseren warmen und eher schwach beleuchteten Haushalten und Büroräumen ähnelt.

Was Zimmerpflanzen brauchen

Genauso wie die Pflanzen im Freien brauchen auch Zimmerpflanzen drei Dinge zum Glücklichsein, ganz egal welchem Zweck sie dienen: Licht, Wasser und Nährstoffe. Das Licht kann in Räumen oft zum Problem werden, da sich die Lichtverhältnisse, die im natürlichen Lebensraum einer Pflanze vorherrschen, nie vollständig nachbilden lassen. Man kann seine Pflanzen aber durchaus auch mit dem Licht zufriedenstellen, das man zur Verfügung hat.

Wir neigen dazu, uns Räume entweder als hell oder dunkel vorzustellen, aber das ist zu stark vereinfacht. Sogar in hellen Räumen hat man nur bestimmte Stellen mit direktem Lichteinfall (vielleicht 1,7–2 m vom Fenster weg), und der Rest des Raums liegt im Schatten. Durch helle Wände wird das Licht jedoch im ganzen Raum reflektiert.

Pflanzen, die zu wenig Licht abbekommen, fangen an zu vergeilen, und ganz ohne Licht gehen sie ein. Vergeilung bedeutet, dass die Pflanze lange, dünne Triebe und kleine Blätter bildet und sich zum Licht hin neigt (Phototropismus). Idealerweise sollte das Licht von allen Seiten auf die Pflanze treffen, auch direkt von oben, aber da dies drinnen nur selten möglich ist, fängt die Pflanze an, sich zum Licht hin zu drehen. Damit eine Pflanze schön gerade wächst, muss man dafür sorgen, dass sie auf allen Seiten ungefähr die gleiche Lichtmenge abbekommt, indem man den Topf regelmäßig dreht.

Wir bemerken zwar, dass die Lichtmenge im Sommer und Winter unterschiedlich ist, können aber den genauen Unterschied mit bloßem Auge nicht abschätzen. Wenn die Tage länger werden (ab zeitigem Frühjahr), sollte man die Vorhänge nachts nicht mehr zuziehen. Diese zusätzlichen Minuten Licht jeden Morgen machen für Zimmerpflanzen viel aus. Idealerweise sollte man Zimmerpflanzen möglichst vor den Vorhang stellen, da es dahinter recht kalt werden kann.

Das andere Extrem ist ein Südfenster, das im Sommer sehr viel intensives Licht abbekommt. Solchen Bedingungen halten eigentlich nur Kakteen stand. Andere Zimmerpflanzen brauchen etwa 1 m Abstand vom Fenster, damit sie nicht versengen.

Wer seinen Pflanzen etwas Gutes tun will, schenkt ihnen eine Sommerresidenz im Freien. Liegen die Temperaturen im Sommer bei über 15 °C, dürfen Zimmerpflanzen nach draußen. Man kann sie auf dem Balkon oder auf der Terrasse platzieren, sollte aber behutsam vorgehen und sie zunächst in den Schatten stellen, bis sich ihre empfindlichen Blätter an die Welt da draußen gewöhnt haben. Ein kleiner Urlaub im Freien gibt den Pflanzen die Gelegenheit, echte Sonnenstrahlen zu erhaschen und ein wenig von Wind und Regen gebeutelt zu werden. Zum Dank werden sie dadurch widerstandsfähiger und umso kräftiger für den Winter.

Gegenüber (von links außen nach rechts): Pflegeleichte Zimmerpflanzen. Pfennigbaum (*Crassula ovata*), Einblatt (*Spathiphyllum* spp.), Bromelie, Leuchterblume (*Ceropegia woodii*), Bromelie, Vulkanpalme (*Brighamia insignis*).
Großes Bild: Schadstoffkiller Grünlilie (*Chlorophytum comosum*).

Exoten selber ziehen

Das Zimmerpflanzenangebot in Gartencentern und Bau-
märkten ist größtenteils auf Palmen, Kakteen und Farne
beschränkt und kann mit der Zeit etwas langweilig werden.
Ein weiteres Problem besteht darin, dass Zimmerpflanzen
in anständiger Größe oftmals recht teuer sind, während die
billigen Exemplare nach Betreten der Wohnung schon bald
den Geist aufgeben. Ich wollte etwas Billiges und etwas, das
überall zu finden ist. Wie immer in meinem Leben bekam
ich die nötige Anregung von den Dingen, die üblicherweise
weggeworfen werden. Die Pflanzen, die ich wollte, gab es in
meiner Küche und auf dem Komposthaufen.

Also fing ich mit dem Naheliegenden an: der Avocado.
Sie ist eine wunderbare Zimmerpflanze, die ein wenig Ver-
nachlässigung nicht gleich übel nimmt und liebevolle Pflege
mit üppigem Wachstum belohnt.

Wenn man sich seine Pflanzen aus Früchten zieht, gibt
es ein paar Dinge zu beachten. Obst und Gemüse enthalten
heute oft Hemmstoffe, die eine Keimung bei der Lagerung
verhindern. Daher sollte man möglichst Bio-Produkte
verwenden. Es gibt aber auch Früchte, wie Bananen, aus
denen man keine Samen gewinnen kann. Bei anderen handelt es sich wiederum um gekreuzte Sorten, sodass man mög-
licherweise nicht das bekommt, was man erwartet.

Von links nach rechts: **Granatapfel, Kichererbse, Chili, Goji-Beere
und Ingwer – allesamt aus der Küche.**

Für das Keimen von Fruchtsamen gilt die allgemeine Regel:
Je reifer die Frucht, desto besser, denn dadurch hatten die
Samen genug Zeit zum Ausreifen. Bei einer harten Mango
oder Avocado ist der Kern noch nicht reif genug. Die Samen am besten im späten Frühjahr und Frühsommer keimen lassen, damit sie genug Licht zum Wachsen haben.

Eine weitere Regel lautet, nur qualitativ hochwertige
Universalerde zu verwenden. Wer will, kann auch spezielle
Zimmerpflanzerde kaufen. Zimmerpflanzen mögen es meist
feucht, sitzen aber nicht gern im Nassen. Bitte vorsichtig
gießen, bis das Wasser zum Topfrand steigt, jedoch nicht bis
es oben überschwappt. Nachdem das Wasser im Topf versickert ist und ein Teil davon durch die Abflusslöcher in
den Untersetzer gelaufen ist, wartet man etwa eine Viertelstunde. Hat die Pflanze das Restwasser bis dahin nicht auf-
gesogen, wird es weggeschüttet. Bei schweren Töpfen sauge
ich es mit einer Bratensaftspritze ab.

Viele Obst- und Gemüsesorten in den Läden stammen
aus tropischen Gefilden, und wenn man sie im Zimmer
kultiviert, kann man ihnen die 20–30 °C bieten, die
Pflanzen zum Wachsen brauchen. Hierbei geht es allerdings
nicht darum, etwas zu ernten, da die meisten dieser Pflanzen
sowieso erst als voll ausgewachsene Bäume Früchte tragen,
sondern darum, unsere Umgebung mit etwas Grünem und
Lebendigem zu besänftigen.

Obst

Papayas keimen leicht, und die Pflanzen wachsen schnell.
Die Samen werden gesäubert und etwa 1,5 cm tief in ein
Gemisch aus Erde und einem Drittel feinem Kies oder
Vermikulit gesetzt. Danach wird die Erde großzügig
gegossen, darf aber nicht vollständig durchnässt sein. Man
bedeckt den Topf mit einer Plastiktüte und stellt ihn auf ein
sonniges Fensterbrett. Wenn die Sämlinge anfangen zu
sprießen entfernt man die Plastiktüte und gießt die
Pflänzchen häufig, ohne sie jedoch zu ertränken. Sobald sie

Links: Meine Avocado nach mehreren Jahren.

Unten: Man lässt den Kern an einem warmen, dunklen Platz auskeimen und pflanzt ihn ein, sobald sich ein paar Blätter gebildet haben.

Oben links: **Aus Samen gezogene Chili-Pflanze. Die meisten Chilis sind einjährig und halten nur eine oder zwei Saisons.** Oben rechts: **Die Süßkartoffel braucht viel Licht und Wasser.**

gut zu fassen sind, werden sie einzeln in Töpfe gepflanzt. Erwachsene Papaya-pflanzen brauchen einen sonnigen Stand-ort und müssen regelmäßig gegossen werden. Bei Wassermangel werfen sie alle Blätter ab, lassen kurz darauf die Triebe hängen und sterben schließlich ab.

Die besten Mangosamen bekommt man von überreifen Früchten. Man befreit den Kern von Fasern und Fruchtfleisch und lässt ihn über Nacht trocknen. Danach wird er mit einem scharfen Messer vorsichtig an der Seite aufgeschnitten und der Samenkern herausgenommen. Diesen setzt man flach liegend 2,5 cm tief in die Erde und deckt ihn mit einer Plastikhaube ab. Sobald der Sämling aufgegangen und zu einem kräftigen, 5 cm hohen Pflänzchen herangewachsen ist, wird die Plastikhaube wieder entfernt. Mangos mögen feuchten fruchtbaren Boden und einen sonnigen Standort.

Limetten, Zitronen, Orangen und Grapefruit lassen sich ebenfalls aus Sa-men ziehen und geben hübsche Zimmer-pflanzen ab, die drinnen jedoch nur sel-ten Früchte hervorbringen. Man setzt die frischen Samen leicht überreifer Früchte im Sommer in ein Gemisch aus zwei Dritteln Universalerde und einem Drittel feinem Kies. Wichtig ist, dass der Topf-boden vorher mit einer großzügigen Kiesschicht befüllt wird, die für zusätz-liche Dränage sorgt, und auf die Ober-fläche eine 5 mm dicke Kiesschicht auf-gebracht wird. Die Sämlinge dürfen nicht austrocknen, und mickrige Pflänz-chen müssen entfernt werden. Sobald sich ein paar der Pflanzen gut entwickelt haben, werden sie vereinzelt und zu-nächst jeweils in einen großen Topf (9 cm) gesetzt.

Sämlinge dürfen nur an den Blättern angefasst werden und nie an den Trieben oder Wurzeln. Blühen werden diese Zitrusgewächse vermutlich erst nach frühestens sieben Jahren, aber mit ihren glänzenden und herrlich duftenden

Blättern geben sie hübsche Pflanzen ab. Zitruspflanzen müssen alle zwei Wochen mit einem speziellen Zitruspflanzendünger gedüngt werden.

Die meisten Leute kennen ihn noch aus ihrer Kindheit, den Trick mit dem Avocadokern, den Zahnstochern und dem Glas Wasser. Mit etwas Geduld fangen die meisten Kerne zu keimen an. In einem Moment der Nachlässigkeit habe ich jedoch herausgefunden, dass ein Avocadokern genauso gut austreibt, wenn man ihn einfach in einer Schüssel mit Wasser liegen lässt. Sobald sich der Keimling zeigt, kann man zur klassischen Methode mit Zahnstocher und Wasserglas übergehen. Auf dem Komposthaufen keimen sie auch ziemlich rasch, allerdings sind sie dort schwer wiederzufinden! Sobald der Kern Wurzeln und einen Trieb gebildet hat, wird er in einen 20 cm großen Topf gepflanzt. Hat die Pflanze dort eine Höhe von 30 cm erreicht, wird das obere Drittel über einem Auge abgeschnitten.

Granatäpfel können auch aus Samen gezogen werden – vorher lässt man die Samen ein paar Tage ausgebreitet auf einem Küchentuch trocknen. Danach werden sie vorsichtig von Fruchtresten befreit und 1,5 cm tief in gute feuchte Erde gesetzt. Der Topf wird mit einer Plastiktüte abgedeckt und an ein sonniges Plätzchen auf dem Fensterbrett gestellt. Die Samen brauchen bis zu zwei Monate zum Keimen, und erst dann darf die Plastik-

tüte entfernt werden. Die Erde darf nicht austrocknen und muss feucht gehalten werden, sobald sich die Sämlinge zeigen. Spätes Frühjahr und Frühsommer sind optimal, um Granatapfelsamen zum Keimen zu bringen.

Goji-Beeren, die man getrocknet in Naturkostläden bekommt, keimen unglaublich schnell. Die gesäuberten Samen werden auf die Erde gelegt und mit einer Schicht aus gesiebter Pflanzerde, feinem Kies und Wasser bedeckt. Bis zum Kei-

Oben links: **Kichererbsen direkt aus der Vorratskammer in gute Pflanzerde säen.** Unten links: **Eine Jungpflanze.** Oben: **Erwachsene Pflanze mit Früchten. Aussaat im Frühjahr: Bis zum Herbst tragen Kichererbsen Früchte und sterben ab.**

men vergehen zwei bis drei Wochen. Sollte es jedoch länger als vier Wochen dauern, dann wird's nichts mehr. Goji-Beeren sind robuste Pflanzen, die sich wunderbar in Töpfen kultivieren lassen. Die Pflanzen brauchen viel Wasser und dürfen es nicht zu heiß haben – eine überdachte Terrasse wäre ideal. Gibt man ihnen einen hellen Standort und stellt sie im Sommer ins Freie, dürften sie nach drei bis vier Jahren sogar leckere Früchte tragen.

Zimmerpflanzen retten

Für Probleme, an denen kleine Tierchen keine Schuld haben, können nur drei Faktoren verantwortlich sein: Wasser, Licht und Nährstoffe.

Der Trick beim Umgang mit Zimmerpflanzen besteht daher darin, für gleichmäßige Bedingungen zu sorgen. Pflanzen brauchen gleichmäßige Temperaturen und Lichtverhältnisse und eine regelmäßige Wasserversorgung. Da sich im Verlauf der Jahreszeiten auch die Bedingungen im Raum verändern, sollte man seine Pflanzen immer dorthin stellen, wo sie es am hellsten und wärmsten haben.

Vergessliche Pflanzenfreunde

Pflanzen brauchen unbedingt Wasser. Durstige Pflanzen erkennt man vor allem daran, dass ihre Blätter und Triebe zu welken beginnen und schlaff herabhängen. Die Blätter fallen dann meist ab.

Wassermangel lässt sich auch daran erkennen, dass neue Blätter kleiner als üblich und wesentlich dunkler als die anderen sind. Das bedeutet nämlich, dass diese bald abfallen. Normalerweise wirft eine Pflanze zugunsten der jungen Blätter zuerst die älteren ab. So deutet ein verkümmerter Wuchs oft auf einen Wasser- und Nährstoffmangel hin.

Bei einer stark ausgetrockneten Pflanze ist schnelles Handeln gefragt. Die Erde muss gründlich gewässert und der Topf danach für eine Viertelstunde in eine Schüssel mit Wasser gestellt werden, bis sich die Erde richtig vollgesogen hat. Außerdem sollten die Blätter mit Wasser besprüht werden, um die Verdunstungsrate zu senken. Bei manchen Pflanzen lässt es sich auf den ersten Blick nur schwer sagen, ob sie an Wassermangel leiden. Kakteen und Aloe-Pflanzen können austrocknen, ohne dass kaum mehr als ein paar Falten zu sehen sind. Das ist oft trügerisch, denn die Pflanzen sehen zwar lebendig aus, sind aber nur mumifiziert und eigentlich schon abgestorben.

Die meisten gekauften Zimmerpflanzen haben Torferde in ihren Töpfen. Torf ist nämlich billig und leicht und somit gut zu transportieren. Ausgetrocknete Torferde lässt sich nur schwer wieder befeuchten. Wer das Gießen hier vergessen hat und seine Pflanze schließlich halb verdurstet vorfindet, sollte den ganzen Topf in ein Waschbecken mit Wasser stellen und einen Spritzer biologisch abbaubares Geschirrspülmittel dazugeben, weil dadurch die Oberflächenspannung des Wassers reduziert wird. Nach ungefähr zehn Minuten müsste sich die Torferde wieder vollgesogen haben.

Übereifrige Pflanzenfreunde

Wenn es Todesanzeigen für Zimmerpflanzen gäbe, würde man feststellen, dass die meisten von ihnen ertrunken sind. Alle Pflanzen nehmen das Wasser durch haarfeine Wurzeln auf. Diese sogenannten Wurzelhärchen brauchen natürlich Wasser, aber sie benötigen auch Sauerstoff. Sind jedoch alle Lücken zwischen den Teilchen der Pflanzerde mit Wasser gefüllt, gibt es keinen Platz mehr für Sauerstoff, und die Pflanze macht ihren letzten Atemzug.

Wenn die Blätter welken, aber die Erde nass ist, dann wird zu viel gegossen, ebenso bei fauligen oder gelb werdenden Blättern, abfallenden Knospen oder bei grünem Schleim auf der Erdoberfläche.

Fangen der Stamm und die unteren Blätter erst einmal an zu faulen, kommt jede Hilfe zu spät. Das ist nämlich ein sicheres Zeichen dafür, dass die Wurzeln ebenfalls verfault sind. Ehe die Pflanze entsorgt wird, lohnt sich jedoch ein letzter Lebensrettungsversuch. Dazu bringt man sie in ein warmes Zimmer und stellt das Gießen gänzlich ein. Man lässt die Erde richtig austrocknen und hält sich mindestens weitere sieben bis zehn Tage mit dem Gießen zurück. Erst dann, darf man die Pflanze aus dem Topf nehmen und nachschauen, ob noch ein paar weiße, feste und gesund aussehende neue Wurzeln zu finden sind. Wenn das der Fall ist: Glückwunsch! Jetzt kann man wieder anfangen, sparsam zu gießen.

Licht

Gleich nach Wasser steht Licht auf der Wunschliste der Zimmerpflanzen. Ob eine Pflanze zu viel Licht bekommt, sieht man manchmal daran, dass die Blätter an den Rändern braun werden. Verbrennungen äußern sich oft auch durch braune abgestorbene Flecken auf den Blättern. Welkende Blätter und Triebe sind ein typisches Zeichen dafür, dass Zimmerpflanzen unglücklich sind. Das kann daran liegen, dass die Wurzeln in der Erde geradezu verbrennen, weil der Topf in der prallen Sonne schmort. In einem Topf, der sich heiß anfühlt, ist es auch den Wurzeln heiß. Zu viel Licht bringt eine Pflanze zwar nicht so leicht um, solange man sie in richtigem Maße mit Wasser versorgt, lässt sie aber hässlich aussehen. Beim Abschneiden der verdorrten braunen Blätter bedenken, dass die darauf folgenden jungen Triebe noch sehr empfindlich sind und daher nicht in die pralle Sonne gehören.

Zu wenig Licht macht Pflanzen spindelig. Das Grün der Blätter verwandelt sich in Gelb, und buntblättrige Pflanzen verlieren ihre Panaschierung und vergrünen. Manchmal bekommt eine Pflanze auch gewundene Blätter, die sich auf ihrer Suche nach Licht verdrehen. In schwerwiegenden Fällen sollte man die Pflanze bis auf weniger verdrehte Triebe zurückschneiden. Pflanzen, die zu wenig Licht abbekommen haben, langsam an hellere Bedingungen gewöhnen.

Nährstoffe

Man kann mit ziemlicher Sicherheit sagen, dass eine Pflanze unterernährt ist, wenn sie nicht genügend Wasser bekommt. Unterernährte Pflanzen sehen meist etwas gelblich aus, da es ihnen an Stickstoff fehlt, dem wichtigsten Pflanzennährstoff, der für ein gesundes Wachstum unentbehrlich ist. Bei Stickstoffmangel wachsen die Pflanzen nur langsam und bilden bloß kleine und schwach gefärbte Blätter und Blüten aus.

Im Frühjahr und Sommer müssen Topfpflanzen regelmäßig gedüngt werden. Viele Hersteller bieten sogenannte Langzeitdünger an, die eine Saison lang halten. Das ist eine gute und bequeme Lösung, aber geeignete organische Produkte gibt es davon nur wenige. Am besten sollte man den Pflanzen alle zwei Wochen einen schwachen Flüssigdünger zuführen, zum Beispiel einen Algendünger. Eine Zimmerpflanze, die seit Jahren keine frische Erde bekommen hat, ist schwer im Nachteil. Alle zwei Wochen düngen ist Freundlichkeit, aber ein Topf mit frischer Erde ist Liebe.

Eine mit Nährstoffen überversorgte Pflanze sieht mit ihren schlaksigen Trieben auch nicht gesünder aus. Bei Pflanzen in Tongefäßen sind dabei außen an den Töpfen oft weiße salzartige Ablagerungen (mineralische Reste) zu sehen. Die Lösung lautet: Sparsam düngen, und zwar höchstens alle zwei Wochen in der Wachstumsperiode.

Ausflug übers Wochenende?

Wer nur für zwei oder drei Tage verreist, kann seine Pflanzen mit durchsichtigen Plastiktüten versiegeln. Indem die gesamte Pflanze von der Tüte umschlossen wird, entsteht eine Art Gewächshauseffekt: Durch die Transpiration der Pflanze wird Wasser freigesetzt, das die Umgebung feucht hält. Bei größeren Exemplaren kann auch nur der Topf in die Tüte gehüllt und am Stamm festgebunden werden, sodass die Feuchtigkeit in der Erde erhalten bleibt und die Pflanze nicht austrocknet. Die Pflanzen sollten während dieser Zeit nicht direkt im Licht stehen, aber auch nicht in einem dunklen Zimmer.

Wer seine Pflanzen nicht umstellen kann, kann diese auch mit Hilfe einer alten Plastikflasche tropfenweise bewässern. Dazu braucht man eine Flasche mit einem Schraubverschluss, in den man fünf Löcher macht. Dann wir der Boden herausgeschnitten und die Flasche mit dem Hals in die Erde gesteckt – bitte vorsichtig, damit die Wurzeln keinen Schaden nehmen. Nun wird die Flasche mit Wasser gefüllt, welches durch die Erdanziehungskraft langsam nach unten gezogen wird. Diese Methode eignet sich optimal für große Töpfe und Balkonkästen.

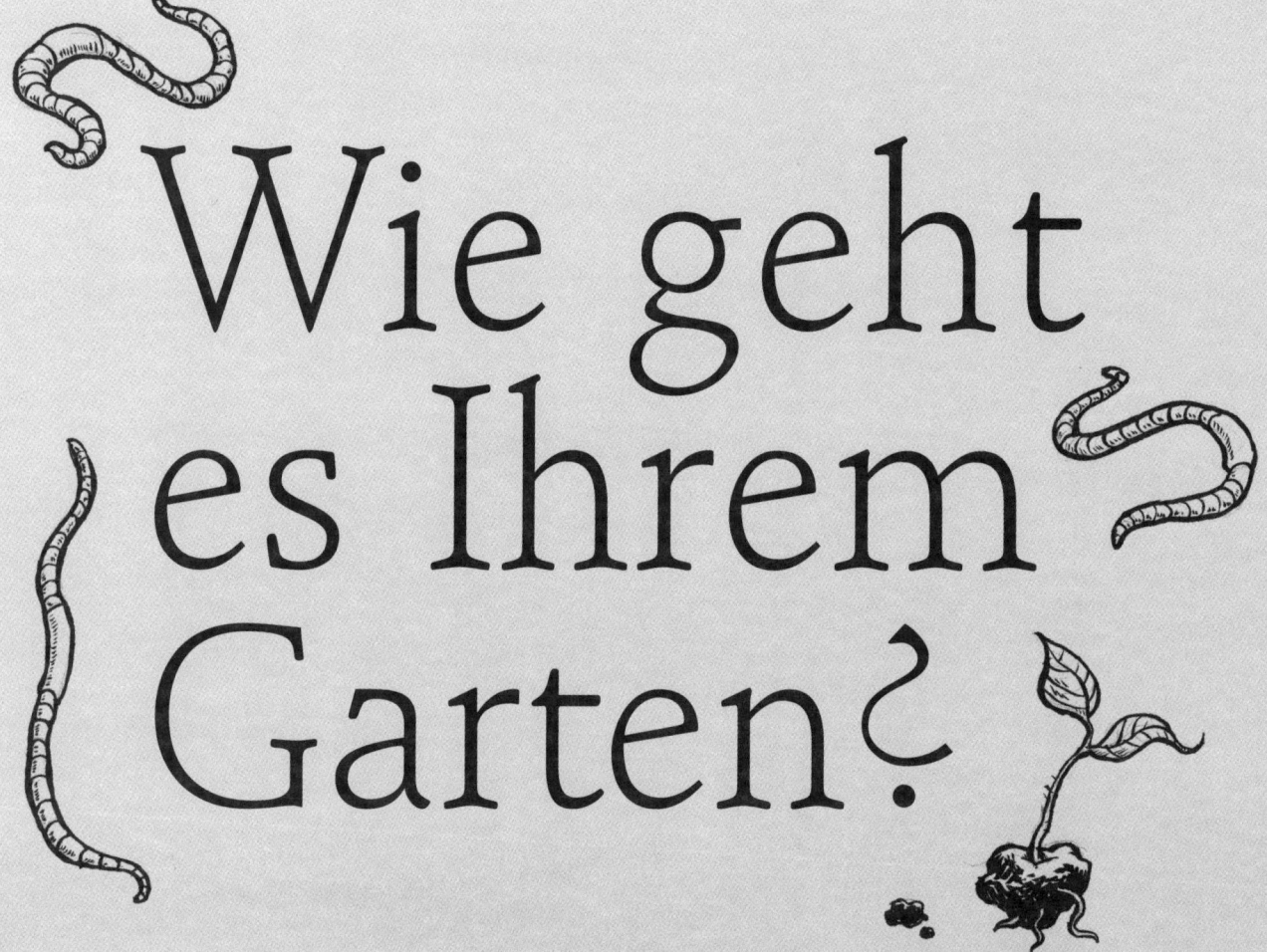

Wie geht es Ihrem Garten?

Das Geheimnis eines jeden üppigen Gartens ist ein guter Boden. Bevor man mit dem Gärtnern beginnt, muss man zunächst herausfinden, wie der Boden beschaffen ist und was man damit machen möchte. Den Bodentyp zu kennen ist genauso wichtig, wie zu wissen, ob das eigene Auto mit Benzin oder Diesel fährt. Bei Töpfen und Kübeln weiß man genau, mit welcher Erde man die Pflanzen versorgt, aber bei Gartenböden gibt es alle möglichen Variationen.

Der Boden versorgt die Pflanzen mit Nährstoffen, Wasser und Luft und gibt ihren Wurzeln Halt und Schutz. Obwohl sich die Pflanzen von Sonnenlicht, Wasser und Luft ernähren, brauchen sie Nährstoffe, um bestimmte Funktionen zu erfüllen – genauso wie wir Menschen Vitamine brauchen. Ohne Nährstoffe wachsen die Pflanzen nur langsam und kümmerlich und ihre Blätter bekommen eine gelbliche, schwache Färbung. Damit die Triebe und Blätter nicht austrocknen, brauchen Pflanzen natürlich Wasser, das auch dafür sorgt, dass die Nährstoffe und Zuckerstoffe in Form von Pflanzensaft in alle Teile der Pflanze transportiert werden.

Luft ist unterirdisch genauso wichtig wie oberirdisch. Wurzeln brauchen Luft zum Atmen, und die bekommen sie aus winzigen Lufteinschlüssen im Boden. In einem gesättigten oder staunassen Boden können Pflanzen kaum überleben, da die Wurzeln keine Luft mehr bekommen. Ein gesunder Boden hingegen besitzt Hohlräume zwischen seinen Teilchen, in denen Luft eingeschlossen ist. Das ist einer der vielen Gründe, weshalb organisches Material für Böden so wichtig ist. Dort, wo es organisches Material gibt, leben auch Würmer und unzählige Kleinstlebewesen, die sich davon ernähren und durch ihr Graben und Wühlen den Erdboden auflockern und belüften.

Welcher Bodentyp bist Du?

Unser Erdboden ist uralt. Er wurde vor Abermillionen von Jahren geschaffen und ist daher auch eine so wertvolle Ressource. Welchen Bodentyp man hat, hängt vom Muttergestein der jeweiligen Region ab. Das kann Sandstein sein oder Kalk, der aus Muschelschalen besteht, die schon viele Millionen Jahre alt sind. Das Muttergestein bestimmt auch die chemische Zusammensetzung eines Bodens und somit seine Fruchtbarkeit. Erdboden besteht jedoch nicht nur aus gemahlenem Gestein, sondern auch aus organischem Material, welches sich aus Tierkadavern, Pflanzen und anderen Dingen zusammensetzt, die irgendwann auf den Boden gefallen sind und dort zersetzt wurden.

Bei Böden unterscheidet man drei Grundtypen: Tonboden, Lehmboden und Sandboden. Lehmboden gilt als der beste, weil er eine ausgewogene Mischung aller drei Typen ist. Ton- und Sandboden sind nicht so ideal, lassen sich aber schrittweise so bearbeiten, dass ihre Eigenschaften denen des Lehmbodens nahekommen. Der Boden in vielen Städten ähnelt in seiner Beschaffenheit ein wenig der des Sandbodens, besteht aber eigentlich größtenteils aus Schutt.

Tonboden setzt sich aus sehr feinen Teilchen zusammen, die sich stark verdichten. Deshalb ist der Boden nach dem Regen so klebrig. In trockenem Zustand wird er steinhart und reißt auf. Tonboden hat meist einen orangefarbenen Stich.

Sandboden besteht aus feinen Sandpartikeln und Kies, der ihn sehr durchlässig macht. Sandige Böden sind meist hell und gehen manchmal leicht ins Rosa. Es fehlt ihnen oft an organischem Material.

Lehmboden setzt sich zu gleichen Teilen aus Sand, Ton und Lehm zusammen. Typischer Lehmboden ist dunkelbraun, da er viel organisches Material enthält.

Manche Experten empfehlen eine Bodenanalyse, um herauszufinden, welchen Bodentyp man hat, und wie hoch sein pH-Wert und Mineraliengehalt ist. Dazu kann man sich entweder ein Testset im Gartencenter kaufen – meiner Meinung nach ziemlich nutzlos – oder eine Probe in ein Bodenanalyselabor schicken. Ein Laborbericht ist nicht gerade billig, kann aber oft sehr hilfreich sein. Allerdings lohnt er sich nur, wenn er gründlich ist. Ich gebe zu, dass ich mir diesen Aufwand erspare, da sich schon eine Menge aussagen lässt, wenn man etwas Erde ausgräbt und sie zwischen den Händen rollt.

Mit einem Blick in Nachbars Garten lässt sich aber auch schon viel über den eigenen Boden erfahren. Sieht man dort viele trockenheitsliebende Pflanzen, dann ist der Boden wahrscheinlich dünn und durchlässig. Gibt es jedoch eine Menge Gewächse, die es gern feucht haben, wie etwa Funkien, Riesen-Rhabarber oder Tibet-Primeln, hat man vermutlich recht dichten und moorigen Boden.

Fingerprobe

Hierzu eine kleine Handvoll nassen Boden zwischen den Handflächen rollen. Entsteht eine Schlange, die man zu einem Ring biegen kann, ohne dass sie bricht, ist es Tonboden. Zerbröckelt sie, hat man Lehmboden. Ist die Erde so krümelig, dass man daraus keine Schlange rollen kann, hat man Sandboden oder ein Gemisch aus Steinschutt und Ziegelstaub.

Eine gute Struktur

Ein Boden mit guter Struktur besteht aus Teilchen verschiedener Größen mit unterschiedlich großen Lücken und Zwischenräumen, die bei leichtem Druck formbeständig sind. Die einzelnen Bodentypen haben unterschiedliche Strukturen. Am besten sind Böden mit viel organischem Material. Die Qualität schlechter Böden kann verbessert werden, indem man sie regelmäßig mit organischem Material in Form von Dung und Kompost versetzt. Die Bodenbeschaffenheit lässt sich leicht feststellen. Dazu nimmt man eine kleine Handvoll Erde und reibt sie zwischen Daumen und Zeigefinger. Wenn sie sich körnig anfühlt, dann enthält der Boden viel Sand, fühlt sie sich glatt an, besitzt sie einen hohen Anteil an Schluff, und wenn die Erde klebrig und glänzend ist, handelt es sich um Ton.

Tonböden

Tonboden ist schwer, verdichtet sich und wird damit undurchlässig für Luft und Wasser. Er enthält nur wenig organisches Material. Bei Trockenheit im Sommer wird Tonboden steinhart, und im Winter neigt er zu Staunässe. Das hat zur Folge, dass die Pflanzen im Winter regelrecht ertrinken, weil ihre Wurzeln nicht genügend Sauerstoff bekommen. Auf besonders schweren Tonböden können die Pflanzen nur in Oberflächennähe Wurzeln bilden. Wenn die Oberfläche des Tonbodens dann im Sommer heiß und hart wird, stecken die Wurzeln nicht weit genug in der Erde, um sich ihr Wasser aus tieferen Schichten zu holen. An ungeschützten Standorten vertrocknen die Pflanzen im Sommer sehr schnell.

Ton ist klebrig und verdichtet sich sehr rasch, vor allem, wenn viel darauf herumgetrampelt wird. Man sollte daher, die Beete bei feuchter Witterung möglichst nicht betreten oder in nassem Zustand kultivieren. Im Frühjahr wärmt sich Tonboden nur langsam auf. Man kann der Frühjahrssaat jedoch auf die Sprünge helfen, indem man die Beete mit Teppichboden, Vlies oder Klarsichtfolie abdeckt. Tonböden haben allerdings den Vorteil, dass sie Nährstoffe gut speichern, weil diese nicht herausgewaschen werden. Daher braucht man seine Pflanzen nicht so oft düngen.

Bewirtschaftung: Um schwere Tonböden aufzulockern, sollte man sie mit einem Eimer Kies pro Quadratmeter anreichern. Gartenkies ist sehr teuer, da er gewaschen und sortiert ist. Grober Sand ist billiger und kann zu gleichen Teilen mit Kies vermischt werden. Bitte keinen Bausand verwenden, da dieser sehr kalkhaltig ist, und auch keinen Meereskies, der ist nämlich zu salzig. Außerdem sollte man möglichst alle drei Jahre mindestens einen Eimer voll Kompost pro Quadratmeter in den Boden einarbeiten.

Wer besonders schweren Tonboden, aber nur wenig Zeit hat, sollte sich auf der Bodenoberfläche besser Hochbeete anlegen und diese mit Pflanzerde füllen – einem Gemisch aus Universalerde und torffreiem Bodenverbesserer, angereichert mit Kompost. Wer guten Mutterboden zur Verfügung hat, kann auch diesen und vielleicht noch etwas Stalldünger verwenden.

Für Tonböden muss man sich seine Pflanzen sorgfältig aussuchen. Die meisten mehrjährigen Stauden haben damit kein Problem, sobald sie sich erst einmal eingewöhnt haben. Einige Pflanzen, wie Bartfaden, Lavendel und Rosmarin, sitzen jedoch nicht gern im Nassen.

Sandboden

Sand- oder Kiesböden sind dünn und durchlässig, sodass sie sowohl im Sommer als auch im Winter schnell austrocknen. Da das Wasser schnell versickert und dadurch die Nährstoffe aus dem Boden gespült werden, müssen Pflanzen in sandigen Böden regelmäßig gedüngt werden. Bleibt Sandboden eine Weile lang unbepflanzt, kann er schnell erodieren.

Bewirtschaftung: Für alle, die auf sandigem Boden Gemüse anbauen möchten (abgesehen von Möhren, die Sandboden

Mittelmeergewächse wie Thymian (hier mit blühendem Schnittlauch) gedeihen in durchlässigen Böden, wie etwa Sandböden oder urbanen Böden.

bevorzugen), gibt es nur eine Lösung, nämlich eimerweise Kompost unterzumischen und somit für das nötige organische Material zu sorgen, das die Wasserspeicherkapazität des Bodens erhöht. Wer das nicht kann, sollte den Boden zumindest heftig mulchen. Ob umgraben oder mulchen, wichtig ist, dass man es regelmäßig macht, und zwar im Frühjahr und im Herbst. Sandböden sind so hungrig und durchlässig, dass sie organische Materialien regelrecht auffressen. Bei der Pflanzenwahl sollte man sich an Mittelmeergewächse und trockenheitsliebende Pflanzen, wie Thymian, Schafgarbe (*Achillea*) und Lavendel (*Lavendula*) halten.

Lehmboden

Der herrliche Lehm ist von Natur aus reich an organischem Material und steckt voller Würmer, Mikroorganismen und Leben. Er ist nährstoffreich und feucht, aber trotzdem durchlässig und daher der perfekte Gartenboden. Während auf einem Tonboden lange nach einem Regenschauer die Pfützen stehen, ist das Wasser in Lehmböden nach ein bis zwei Stunden schon wieder verschwunden. Sogar im Sommer wird alle verfügbare Feuchtigkeit gespeichert und gut verteilt.

Bewirtschaftung: Lehmboden ist bereits mit genügend organischem Material ausgestattet, um bewirtschaftet zu werden. Wer aber viel Gemüse und Blumen anpflanzt, sollte den Boden regelmäßig mit Kompost anreichern und alle zwei bis drei Jahre gründlich düngen.

Boden-Check-up

In gutem Boden wimmelt es von Lebewesen. Würmer, Käfer, Asseln und Milben zeugen von einer gesunden Bodenfauna.

Nachdem man Typ und Struktur bestimmt hat, gibt es noch an paar weitere Dinge, an denen man sehen kann, wie gesund ein Boden ist. Das Erste sind die organischen Bestandteile. Um ungefähr einschätzen zu können, wie viel organisches Material man im Boden hat, gräbt man einen Spaten voll Erde aus und zählt die Würmer darin. Die herkömmliche Regel lautet bei einer Spatenlänge: Drei Würmer sind gut, fünf Würmer sind sehr gut und keine Würmer sind schlecht. Am besten sollte diese Spatenprobe an verschiedenen Stellen im Garten durchgeführt werden, und wer dabei keine Würmer findet, hat einen Boden mit einem sehr geringen Anteil an organischen Bestandteilen.

Neben Würmern findet man in der Erde hüpfende kleine Wesen, Käfer, Asseln und feine Pilzfäden. Diese Bodenorganismen sind der Lebensquell eines Gartens. Sie verwerten verrottendes Material, stellen den Pflanzen Nährstoffe bereit und legen Kanäle an, durch die sich das Wasser hindurchbewegt. Wer bei der Spatenprobe mehr als zehn Lebewesen in seinem Boden findet, hat eine wirklich gute Ausgangsbasis.

Wer schlechter abgeschnitten hat, braucht sich keine Sorgen zu machen, denn schließlich haben viele Leute Probleme mit ihrem Boden und jeder Boden kann so bearbeitet werden, dass er eine gesunde Wachstumsgrundlage bildet, aber man muss nicht gleich alles auf einmal tun.

Es ist auch hilfreich festzustellen, wie verdichtet ein Boden ist. Man führt einen langen, geraden Draht in den Boden ein. Dort, wo sich der Draht biegt, ist er auf eine Verdichtung gestoßen. Biegt sich der Draht nahe der Oberfläche, dann hat man einen sehr verdichteten Boden. Da der Draht auch auf einen Stein gestoßen sein könnte, sollte man diesen Test am besten mehrmals an verschiedenen Stellen durchführen. Stößt man auf viele feste Stellen, dann hat man eine verdichtete Erdschicht im Boden, durch die sich die Wurzeln nicht richtig ausbreiten können. Solche Schichten sind oftmals steinhart und müssen erst gelockert werden, ehe man etwas anpflanzen kann.

Der pH-Wert des Bodens

Wie sauer bzw. alkalisch (kalkhaltig) ein Boden ist, wird durch den pH-Wert angegeben, der sich auf einer Skala von 1 (sehr sauer) bis 14 (sehr alkalisch) messen lässt. Die meisten Böden besitzen Werte zwischen 6 und 8, d.h. leicht sauer oder alkalisch, und sind damit für die Mehrzahl der Pflanzen geeignet. Schwierig wird es nur bei Extremwerten. Sehr saure bzw. sehr alkalische Böden haben Probleme mit bestimmten Nährstoffen. Diese werden chemisch im Boden eingeschlossen und sind somit für die Pflanzen nicht verfügbar. So kommt es zu Mangelerscheinungen. Bei alkalischen Böden kommt es zum Einschluss von Eisen und einigen Spurenelementen. Gelbe Blätter an Rhododendren zeugen von Eisenmangel.

Viele Pflanzen, vor allem Gemüse und insbesondere Kohlgemüse (*Brassica*), bevorzugen leicht alkalischen Boden, aus dem sie bequem ihre Nährstoffe ziehen können. In sauren Böden hingegen werden die Phosphate eingeschlossen. Kümmerlich wachsende Pflanzen, deren Blätter violett verfärbt sind, leiden an Phosphormangel. Säure liebende Gewächse haben sich diesem Umstand angepasst, und sind daher oftmals nicht gewillt, unter anderen Bedingungen zu gedeihen.

Verändern des pH-Werts

Der pH-Wert der meisten Böden liegt irgendwo in der Nähe des neutralen Bereichs, und der wird von den meisten Pflanzen bevorzugt. Wer sehr sauren oder alkalischen Boden hat, sollte das bei der Pflanzenwahl entsprechend berücksichtigen. Neutralen Boden würde ich für Pflanzen, die es gern sauer bzw. alkalisch haben, allerdings nicht verändern, solange ihre anderen Bedürfnisse erfüllt sind. Sorgt man im Sommer für genügend Feuchtigkeit und im Winter für gute Entwässerung, können die meisten Pflanzen überleben, auch wenn der pH-Wert nicht perfekt ist.

Den pH-Wert des Bodens zu verändern stellt meist nur eine Übergangslösung dar, wobei der pH-Wert des gesamten Gartens sich allerdings nicht beeinflussen lässt, denn das wäre viel zu umständlich. Durch Zugabe von Kalk kann der pH-Wert von saurem Boden erhöht werden. Kalk versorgt den Boden mit Kalzium, was zur Folge hat, dass die Betriebsamkeit von Würmern, Bodenorganismen und nitrifizierenden Bakterien in alkalischen Böden zunimmt. Da sich

der Kalk nicht so lange in der Erde hält, sollte man den Boden jedes Jahr überprüfen. Den Boden nicht gleichzeitig mit Kalk und organischem Material anreichern, da diese sich gegenseitig neutralisieren.

Bestimmte Pflanzen, die im eigenen Garten und in dem des Nachbars wachsen, geben einen guten Hinweis darauf, ob man sauren oder alkalischen Boden hat. Rhododendren, Azaleen, Heidekraut und Koniferen lassen auf sauren Boden schließen, wohingegen Nelken, Flieder und Skabiosen alkalische Bedingungen bevorzugen.

Den pH-Wert testen

Um den pH-Wert des Bodens zu bestimmen, kann man sich entweder ein Test-Set kaufen oder ganz einfach Rotkohl zu Hilfe nehmen. Dieser enthält Flavin, einen wasserlöslichen Farbstoff, der je nach pH-Wert die Farbe ändert.

Man bringt einen Topf mit klein geschnittenen Kohlblättern zum Kochen und lässt sie abkühlen. Dann gießt man das Wasser ab – und isst den Kohl! Anschließend gibt man etwa einen Esslöffel Erde in eine Tasse, füllt diese halb mit Wasser auf und rührt gut um. Danach gießt man etwa 3 mm Kohlwasser dazu.

Bei neutralem Boden wird die Flüssigkeit violettrot oder leicht bläulich. Grünlichgelb bedeutet sehr alkalisch und Rot heißt sauer. Den Test sollte man mit Erde von verschiedenen Gartenstellen durchführen. Da Bauschutt viel Kalk enthält und somit auch alkalische Ergebnisse liefert, sind mehrere unterschiedliche Messungen zu empfehlen.

Kompost – kostenloses Gartengold

Die wenigsten Gärten haben von Natur aus guten Boden – diesen muss man bearbeiten, erhalten und lieben. Zum Glück ist das Rezept für eine glückliche Romanze sehr einfach, denn alles, was ein Boden braucht, ist guter Kompost.

Der Begriff Kompost ist ziemlich verwirrend, denn er bezeichnet zwei Arten von Kompost, die sehr verschieden sind, nämlich selbst gemachten Kompost und solchen, den man fertig kaufen kann. Letzterer ist üblicherweise eine Mischung aus biologisch abbaubaren Materialien, von Torf oder Holzspänen bis hin zu Stalldung. Hausgemachter Kompost ist etwas ganz anderes, denn den macht man selbst. Seine Zusammensetzung hängt davon ab, was man gerade auf den Komposthaufen wirft und welche Bedingungen bei der Kompostierung vorherrschen. Er ist nährstoffreich und obendrein kostet er nichts.

Der eigene Kompost ist wirklich das Beste für den Garten. Er besteht aus Dingen, die man sonst entweder wegwerfen oder anderweitig entsorgen würde, wie Küchenabfälle, Gehölzschnitt, Rasenschnitt, Unkräuter und sogar alte Woll- und Baumwollsachen und Pappe. Dieser Abfall ist der Ursprung eines prachtvollen Gartens.

Kompost selbst machen

Der einfachste Weg, einen Kompost anzulegen, besteht darin, den Waldboden nachzuahmen. Der Abfall, der sich dort sammelt, ist eine Mischung aus tierischen und pflanzlichen Materialen – Blättern, Ästen, Zweigen, Früchten, Baumnadeln, Kot und Kadavern von kleinen Tieren. Das alles wird vom Regen gewaschen und durchgesiebt, von noch mehr Insekten und Bakterien zersetzt und im Laufe der Zeit von Mutter Natur in Erde allerbester Qualität verwandelt. Wer also alle Blätter, Schnittreste- und Küchenabfälle auf einen Haufen wirft und ungefähr ein Jahr wartet, wird mit guter Erde belohnt. Um diese Zeit zu verkürzen, verwenden die meisten dazu einen Kompostbehälter. Es sind zwei Gerüchte in Umlauf, die schon so manchen davon abgehalten haben, ein Meister des Kompostierens zu werden. Gerücht Nummer eins lautet: Kompost stinkt. Das stimmt ganz und gar nicht. Guter Kompost riecht köstlich und gesund. Gerücht Nummer zwei: Es dauert Jahre, guten Kompost zu machen. Das ist Unsinn! Guter Kompost braucht im Sommer nur etwa vier Monate und im Winter doppelt so lange.

Kompost machen funktioniert wie Kuchen backen. Man nimmt die richtigen Zutaten und vermischt sie miteinander in ungefähr dem richtigen Verhältnis. Wenn man jedoch nur Rasenschnitt auf seinen Haufen wirft, braucht dieser sehr lange zum Verrotten und verwandelt sich am Ende bloß in eine schleimige grüne Masse. Das Geheimnis besteht in der richtigen Mischung aus braunem und grünem Material – auch bekannt als Kohlenstoff-Stickstoff-Verhältnis. Von dem braunen Material (Kohlenstoff) braucht man zwei Drittel und von dem grünen Material (Stickstoff) ein Drittel. Braun bezieht sich auf den Kohlenstoff in Faserstoffen, wie Zweigen, Ästen, Stroh, Pappe und Wurzeln. Grün entspricht dem Stickstoff, der in Blättern, Stängeln, Gras, Blüten und Unkräutern vorkommt.

Man nimmt zerkleinerte Äste, wirft alle Gemüseabfälle und gejäteten Unkräuter darüber, gibt ein paar dünne Schichten Rasenschnitt dazu (max. 15 cm hoch), schleudert eine Pizzaschachtel darauf, zerfetzt seine alten Baumwolljeans, legt noch etwas Baum- und Heckenschnitt dazu und vermischt das Ganze. Das war's auch schon. Am Ende wird daraus ein köstlicher tiefbrauner, krümeliger Kuchen. Den muss man jetzt nur noch auf dem Gartenboden verteilen und von den Würmern eingraben lassen. Der ganze Aufwand, den man damit hat, beschränkt sich darauf, ein paar Mal pro Woche mit den Küchenabfällen zum Kompost zu laufen, den Haufen ein- oder zweimal zu wenden und schließlich im Garten zu verteilen.

Ich sammle meine Gemüseabfälle gleich in der Küche, damit ich nicht ständig zum Kompost laufen muss. Es gibt auch spezielle Behälter für Biomüll, die mit Geruchsfiltern

Links: **In dieses Porzellanhuhn, das ich in einer Mülltonne gefunden habe, passen die Küchenabfälle einer Woche.** Rechts: **Regelmäßiges Kompostwenden treibt den Verrottungsprozess deutlich voran.**

ausgestattet sind. Eine Zeit lang hatte ich so einen. Allerdings bin ich dadurch ziemlich faul geworden, und da ich nichts gerochen habe, habe ich immer mehr hineingestopft, bis das Ganze von Fruchtfliegen nur so gewimmelt hat. Jetzt nehme ich ein hübsches weißes Porzellanhuhn, das ich in einer Mülltonne gefunden habe. Da passen die Schalen einer Woche hinein, und der Deckel hält die Fliegen fern.

Die Kompostbestandteile werden hauptsächlich von aeroben Bakterien zersetzt, die viel Luft und Feuchtigkeit brauchen, damit sie schnell und effektiv arbeiten können. Je schneller die Bakterien ihre Arbeit verrichten, desto mehr Hitze entsteht. Dass es im Komposthaufen kochend heiß wird, ist sehr wichtig, da auf diese Weise Unkrautsamen, Krankheitserreger und Pflanzenkrankheiten abgetötet wer-

den. Ein großer Komposthaufen von mindestens einem Meter Breite erreicht schon nach ein paar Stunden Temperaturen von 60–70 °C. In einem kleinen Haufen geht es meist nicht ganz so heiß zu, was allerdings einer seiner Nachteile ist.

Man kann die Bakterien bei ihrer Arbeit unterstützen, indem man für den Kompost eine Art Behälter verwendet, der den Haufen isoliert und somit die richtigen Bedingungen für das „bakterielle Lagerfeuer" bietet. Am besten stellt man sich vor, seinen Kompost wie eine Art Lagerfeuer

Kompostiertipps

Starthilfe: Am besten bittet man Freunde, die selbst kompostieren, um einen Sack voll Kompost. Dieser enthält bereits alle möglichen Bakterien, Insekten, Würmer und gute Kompostbestandteile.

Kompost nie aus nur einer Zutat machen.

Kompost wird am besten in Schichten mit 15–25 cm Höhe angelegt.

Mindestens einmal alle sechs Wochen den Kompost durchmischen.

Äste und Wurzeln stets in etwa 20 cm lange Stücke schneiden.

Dünne Pappe, Papierschnitzel und zerknülltes Zeitungspapier sind gute Kohlenstofflieferanten. Farbiges und glänzendes Papier enthält zu viele chemische Stoffe und verärgert die Würmer. Daher keine Hochglanzmagazine oder -broschüren nehmen.

Hunde- und Katzenkot ist tabu und gehört nicht auf den Kompost.

Taubenkot dagegen beschleunigt den Verrottungsprozess.

Fleisch, Fisch oder Molkereiprodukte dürfen nicht kompostiert werden.

Teebeutel, Kaffeesatz und der Inhalt von Staubsaugerbeuteln sind geeignet.

Holzasche ist gut, Kohlenasche ist schlecht.

Mehrjähriges Unkraut nicht direkt auf den Kompost legen, sondern in einem zugedeckten Eimer mit Wasser erst drei Wochen lang verrotten lassen und dann das ganze Gemisch auf den Kompost schütten. So bekommt man alle Nährstoffe, verhindert aber, dass sich das Unkraut wieder ausbreitet.

Kranke Pflanzen gehören nicht auf den Kompost, da dieser nicht steril ist und man sich Krankheiten sonst wieder in den Garten zurückholt.

Vorsicht bei Zitrusschalen. Zu viele davon stören das Gleichgewicht und verärgern die Würmer.

Braunes Material. Große Wurzeln und Äste müssen zerkleinert werden. Äste enthalten viel Kohlenstoff, und wer große Mengen nimmt, braucht Stickstoff zum Ausgleich, zum Beispiel in Form von Unkraut.

aufzubauen. Die Luft muss von unten in die Mitte des Haufens gelangen, um das Feuer in Gang zu halten. Um das zu erreichen, vor allem wenn man einen Behälter aus Kunststoff hat, kann man in den Boden des Behälters am Rand ein paar Ziegelsteine hineinlegen. Damit hat man eine Schicht, auf welcher der Kompost aufliegt und somit von unten belüftet wird. Es ist immer gut, wenn der Kompostbehälter einen luftdurchlässigen Deckel oder eine ebensolche Abdeckung hat, damit der Regen abgehalten wird und die Wärme nicht entweichen kann – einen Deckel aus Kunststoff einfach mit ein paar kleinen Luftlöchern versehen.

Kompost braucht außerdem Feuchtigkeit. Ist er zu trocken, dann tut sich gar nichts mehr. Aber wenn er zu nass ist, und obendrein noch zu wenig Luft bekommt, entstehen anaerobe Bedingungen und der Haufen fängt an, Methan zu produzieren. Und das ist absolut tabu, denn unser Planet braucht nicht noch mehr davon. Besonders bei Behältern aus Kunststoff müssen solche Bedingungen vermieden werden, denn sonst bekommt man eine schleimige, faulige und übel riechende Pampe.

Wer im großen Stil kompostiert, muss sich nicht auf seinen eigenen Biomüll beschränken. Abfall findet man überall umsonst, und die Leute sind sogar dankbar, dass man sie davon befreit. In Cafés gibt es haufenweise Kaffeesatz, der übrigens ein perfektes Kompostmaterial abgibt. In Restaurants und Kneipen gibt es Gemüseschalen, und Firmenkantinen sind froh, wenn jemand ihre gebrauchten Teebeutel mit nach Hause nimmt. Oft muss man einen Behälter für die Abfälle dalassen und eine regelmäßige Abholung versprechen, aber das ist es wert.

Kompostieren ist ultimatives Recycling in kleinem Stil – keine Transportwege, wenig Aufwand und null Verpackung. Auch wenn man diesen Abfallhaufen vernachlässigt, verwandelt ihn die Natur mit der Zeit in Kompost, den besten und billigsten Bodenverbesser, den es gibt.

Nagetiere

Ein Komposthaufen ist ein einzigartiger Lebensraum für Hunderte von winzigen Tierchen und eine herrliche Futterquelle für viele andere Lebewesen. Gelegentlich kommen auch ungebetene Gäste, wie Mäuse oder Ratten, vorbei, die man jedoch recht einfach wieder loswird. Mäuse können manchmal eine regelrechte Gartenplage sein. Ratten richten dagegen nicht viel Schaden an.

Es gibt drei wichtige Dinge, die man über die gemeine Ratte wissen muss. Ratten leben hauptsächlich von dem, was wir essen. Sie sind misstrauisch gegenüber neuen Dingen, und sie orientieren sich hauptsächlich durch Berührung. Wer seinen Kompost nie wendet, schafft den Ratten somit unbewusst ein gemütliches Zuhause – einen beständigen Unterschlupf voller Nahrung. Je öfter man den Kompost wendet, desto seltener kommen die Ratten zu Besuch, denn in einer sich verändernden Umgebung bauen sie keine Gänge und erst recht kein Nest.

Ratten haben bestimmte Nahrungsvorlieben, und wer die Viecher loswerden oder gar nicht erst anlocken will, sollte möglichst keine Eierschalen auf den Kompost werfen, oder sie zumindest vorher auswaschen. Bananen- und Melonenschalen sollte man auch vermeiden, aber besondere Vorsicht ist bei gekochten Essensresten und Brot geboten. Diese kann man stattdessen im Wurmkompost entsorgen.

Mäuse nisten sich während des Winters oft in Komposthaufen ein und lassen sich am schnellsten davon abschrecken, indem man den Kompost wendet.

Wer Kröten und Frösche in seinem Kompost entdeckt, hat sich eine Goldmedaille verdient, denn diese sind ein Zeichen dafür, dass der Kompost lebendig und gesund ist.

Kompostbehälter selbst gebaut

Mein Kompostkasten ist lose um einen Bienenstock herum gebaut – eine einfache Konstruktion aus übereinandergestapelten Kisten mit einem Satteldach obendrauf. Ich habe ihn so entworfen, dass ich den Kompost leicht wenden und somit den Verrottungsprozess ankurbeln kann. Wenn der Behälter voll ist, entfernt man das Dach, nimmt vorsichtig den ersten Kasten ab und stellt ihn daneben auf den Boden. Das wird die neue Basis. In diese wird der Kompost aus dem Behälter umgefüllt. Danach nimmt man den mittleren Kasten ab, setzt ihn auf den ersten Kasten und verfährt genauso, bis man alle drei Kästen und den darin befindlichen Kompost umgesetzt hat. Das mag am Anfang zwar etwas Dreck machen, man ist aber nach einiger Übung in null Komma nichts fertig. Je öfter man den Kompost umsetzt, desto schneller zersetzt er sich und desto rascher schrumpft er, sodass ein voller Behälter nach einer Woche schon wieder Platz für die Abfälle der nächsten Woche hat.

Mein Kompostkasten besteht aus recyceltem Holz. Damit er hübsch aussieht, habe ich nach antiken Fußleisten gesucht. Solche Kästen lassen sich aus jedem Holz machen, außer aus Spanplatten. Diese werden bei Nässe zu Brei und sind somit für ein Leben im Freien ungeeignet. Optimal sind alte Dielen aus Kiefernholz, aber das Holz von Paletten oder Regalen ist genauso gut. Da, wo ich wohne, wird überall so viel renoviert, dass fast jeden Tag irgendwelche Fußleisten im Müllcontainer landen. Wer bei sich vor Ort allerdings nur Schutt und Gerümpel in den Containern findet, muss sich sein Holz eben kaufen – aber bitte nur solches mit FSC-Zertifikat.

Um sich einen Kompostkasten zu bauen, braucht man eine elektrische Bohrmaschine samt Holzbohrspitze mit 3 mm Durchmesser. Optimal ist, wenn die Bohrmaschine auch noch einen Schraubaufsatz hat. Ich habe den ganzen Kasten zunächst mit einem wetterfesten Schutzanstrich grundiert, bevor ich ihn mit Tafelfarbe angepinselt habe, da das Holz eigentlich nicht für einen Gebrauch im Freien vorgesehen war. Dank der Tafelfarbe kann man auf dem Kasten mit Kreide notieren, wann man ihn zum ersten Mal befüllt hat und weiß somit, wie lange der Kompost schon drin ist.

Materialien

21 gleich lange Bretter: 60 cm ergeben einen nützlichen kleinen Kasten, 80 cm sind ideal für größere Gärten

18 Leisten, die genauso lang wie die Bretter breit sind

36 Holzschrauben (20 mm)

 1 Dose Holzfarbe für draußen oder Holzschutzlasur für unbehandeltes Holz

Tafelfarbe (auf Wunsch)

Holzsäge

Elektrische Bohrmaschine mit Holzbohrspitze (3 mm) und Schraubendreher

 2 Schraubzwingen und eine Werkbank sind hilfreich. Wer keine hat, braucht ein Paar helfende Hände

Die Kästen

Holz vom Sperrmüll muss meistens erst einmal gesäubert werden. Man entfernt alle alten Nägel und Schrauben und schleift Putz- und Klebstoffreste oder andere Verunreinigungen ab. Danach wird das Holz auf gleiche Länge geschnitten. Mit 60 cm Länge bekommt man einen guten und etwas kleineren Behälter – aber mehr als 80 cm sollten es nicht sein. Alle Bretter müssen die gleiche Länge haben, aber da die drei Kästen ruhig unterschiedlich hoch sein dürfen, kann man Holz jeder Breite verwenden.

1. Jetzt geht es darum, den ersten Kasten zu bauen. Damit die Ecken rechtwinklig werden, legt man jedes der vier Bretter flach auf den Boden und schraubt jeweils an einem Ende eine Leiste daran.

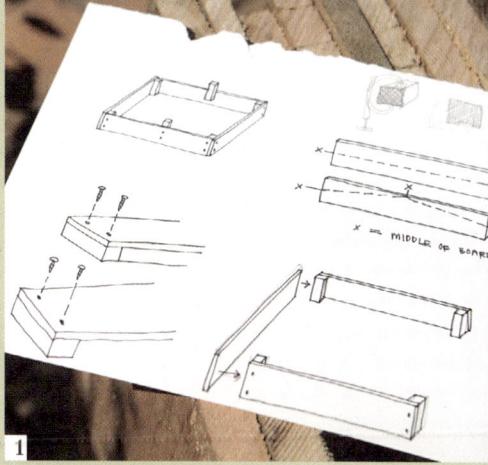

2. Dazu legt man an einem Ende jedes Bretts eine Leiste bündig an, bohrt durch alle beide Holzstücke Löcher vor und schraubt die Leisten an die Bretter.

3. Danach schraubt man die vier Bretter an den Leisten zu einem Kasten zusammen. Das geht am besten, wenn man sie mit einer Schraubzwinge fixiert. Die Kanten müssen bündig abschließen. Man kann auch zwei Bretter gleich an beiden Enden mit Leisten versehen und die anderen beiden Bretter dann an diesen Leisten festschrauben. So werden auch die beiden anderen Kästen gebaut.

Damit die drei Kästen sicher übereinandergestapelt werden können, muss man jeden Kasten mit zwei zirka 12 cm langen Leisten versehen, die jeweils an der inneren Oberkante zweier gegenüberliegender Seiten befestigt werden. Die Leisten sollten jeweils 6 cm über die Oberkante ragen und werden von der Außenseite des Kastens aus mit je zwei Schrauben fixiert.

Das Dach

Ein Dach verhindert, dass die Nährstoffe vom Regen herausgespült werden und die Wärme im Winter entweicht. Man braucht neun Bretter, die genauso lang sind wie die Bretter der Kästen. Drei davon bilden die Seiten, und sechs braucht man für die Abdeckung. Zum Befestigen habe ich ebenfalls Holzleisten verwendet.

4. Man nimmt drei der Bretter. Eins davon sägt man längs in der Mitte durch – das werden die Seiten des Dachs. Auf dem zweiten Brett zeichnet man längs eine Mittellinie ein, bestimmt die Mitte an der Oberkante des Bretts und zieht von diesem Punkt je eine Diagonale, die bis zur Mittellinie an beiden Enden des Bretts reicht. Dadurch entsteht ein Giebel, der nun entlang der Diagonalen herausgesägt wird. Dasselbe wird mit dem dritten Brett gemacht. Danach schraubt man die vier Seiten mit Leisten bündig zu einem Dach zusammen.

5. Für die Abdeckung des Dachs braucht man sechs Bretter, die überlappend an den schrägen Giebelkanten festgeschraubt werden. Zuerst befestigt man die unteren beiden Bretter, die an den Seiten etwas überstehen sollten, damit Wasser ablaufen kann. Danach werden die beiden mittleren Bretter angeschraubt, die jeweils mit dem unteren Brett überlappen.

6. Die letzten beiden Bretter werden so angebracht, dass sich zwischen ihnen eine etwa 5 cm breite Lücke befindet. Dadurch kann etwas Regenwasser eindringen und Luft aus dem Kompost entweichen.

Im Inneren dieses Satteldachs werden zwei Holzstücke an der Rückwand befestigt. Diese funktionieren wie Scharniere und verhindern, dass das Dach beim Anheben herunterfällt.

Man kann im Inneren des Dachs zudem eine Stütze anbringen, damit das Dach geöffnet bleibt, während man seine Abfälle hineinwirft. Diese sollte ungefähr 6 cm lang sein und wird an einem Ende mit einer Schraube fixiert, die jedoch so locker sitzen sollte, dass man die Stütze schwenken kann. In das andere Ende der Stütze schnitzt man eine kleine Kerbe, damit die Stütze gut auf dem Kastenrand aufsitzt. Und damit sie nicht jedes Mal herunterfällt, wenn man das Dach aufklappt, kann man im Dachinneren einen Nagel einschlagen und die Stütze damit festhaken.

Kompost im Einsatz

Ich kann es nicht oft genug sagen, wie gut selbst gemachter Kompost für den Boden ist. Kompost ist einfach das Beste, das man umsonst bekommt. Man kann ihn in den Boden einarbeiten und hat gleich etwas davon oder ihn als dicke Schicht darauf verteilen und den Würmern das Eingraben überlassen. Oder man mischt sich daraus seine eigene Topf-erde. Wenn selbst gemachter Kompost für die Aussaat verwendet werden soll, braucht er noch ein paar weitere Zu-taten. Pur darf man ihn dafür nicht verwenden, da er für Jungpflanzen zu nährstoffreich ist. Das wäre fast wie Do-ping. Außerdem muss man bedenken, dass der Kompost im Gegensatz zu gekauften Produkten nicht sterilisiert ist und dass es sich, wenn man ihn für die Aussaat verwendet, bei einigen Sämlingen durchaus um Unkraut handeln kann.

Hat man erst einmal mit dem Kompostieren angefan-gen, wird man feststellen, das man nie genug davon hat. Wer seinen Kompost regelmäßig für die Bodenverbesse-rung einsetzt und mulcht und auch noch eine Schicht davon als Dünger für Kübelpflanzen verwendet, hat meistens nicht mehr genug davon übrig, um sich seine eigene Topf-erde daraus herzustellen. Daher muss man entscheiden, wo der Kompost am meisten gebraucht wird. Der magere ur-bane Boden in meinem Garten schreit förmlich nach Nah-rung, sodass mein gesamter Kompost dabei draufgeht. Wenn ich Erde für die Aussaat und für meine Kübelpflanzen brauche, mache ich es mir leicht und kaufe torffreies Sub-strat im Laden. Für alle, die als Garten nur eine Terrasse oder eine Innenhof mit ein paar Fensterkästen und Kübeln haben, ist es jedoch absolut sinnvoll, den selbst gemachten Kompost beizumischen.

Die Grundmischung für Aussaaterde besteht aus zwei Teilen selbst gemachtem Kompost (große Klumpen durch-sieben), einem Teil Lehm (den muss man sich vermutlich kaufen), einem Teil gekauftem Rindenkompost oder selbst-gemachtem Laubkompost und einem Teil Sand.

Als Starthilfe für Sträucher und Rosen vor dem Einpflanzen die Löcher mit Kompost versetzen.

Recycling auf kleinstem Raum

Wurmkompost ist absolut in, denn man braucht zum Kompostieren nicht einmal einen Platz im Freien. Recycling schont die Umwelt und den Geldbeutel. Deshalb ist ein Kompostbehälter unerlässlich, und wenn dieser auch noch mit den Resten von Dingen gefüllt ist, die man selbst angebaut und gegessen hat, umso besser. Das ist eine absolut angemessene und obendrein noch unabhängige Art der Energieumwandlung. Viele Leute haben allerdings nicht genügend Platz für einen klassischen Kompost – und da kommen die Würmer ins Spiel. Eine Wurmkiste ist im Grunde eine Kompostieranlage, in der die Würmer das Sagen haben. Die Tatsache, dass Würmer von Natur aus in jedem Kompost zu finden sind, macht man sich so zunutze, dass das Kompostieren auch auf kleinstem Raum möglich ist.

Wurmkisten-Design

Im Internet gibt es sehr gute Wurmkisten zu kaufen – von einfachen Holzkästen oder Kunststoffbehältern bis hin zu einem mehrstöckigen Wurmkomposter namens Can-o-Worms, bei dem sich die Würmer erst durch eine Etage hindurchfressen und danach in die nächste hinaufwandern, sodass sich der fertige Wurmkompost ganz leicht entnehmen lässt. Da solche Behälter ziemlich teuer sind, kann man sich aus Holz oder Kunststoff auch selbst einen bauen. Meinen habe ich aus Holz gemacht, weil man das am leichtesten umsonst bekommt.

Die allgemein empfohlene Mindestgröße der Kisten beträgt 30 x 60 x 90 cm, meine ist nur 20 x 40 x 60 cm groß. Im Winter passt sie gut unter mein Spülbecken und scheint prima zu funktionieren. Die Größe einer Wurmkiste hängt davon ab, wie viel Abfall man produziert. Wer wenig Abfall hat oder seine Wurmkiste nur als Zweitkompost unterhält, kommt gut mit einem etwas kleineren Behälter aus.

Wer es gern schlicht haben möchte, braucht nur meine Wurmkiste nachzubauen – ein simpler Kasten mit Deckel und ein paar Löchern an den Seiten. Behälter aus Holz kön-

nen besser atmen als solche aus Plastik, halten aber nicht so lange, da das Holz ständig feucht ist. Plastikbehälter brauchen mehr Luftlöcher und sammeln mehr Flüssigkeit an. Einige Wurmkomposter sind so aufgebaut, dass die Flüssigkeit darin gesammelt und abgezapft werden kann, um daraus Wurmtee zu machen, einen köstlichen Nährstoffdrink für die Pflanzen. Dazu muss man die Flüssigkeit um ein Drittel verdünnen, da der Wurmtee sonst zu stark wird.

Meine Wurmkiste – nachbauen und ausprobieren

Ich habe eine sehr robuste Kiste genommen, die ich im Sperrmüll gefunden habe. Man kann sich seine Kiste aber auch aus 2,5 cm dicken Brettern selbst bauen.

Materialien

- 2 Bretter (30 x 90 cm) als Vorder- und Rückenteil
- 2 Bretter (30 x 60 cm) als Seitenteile
- 1 Brett (60 x 90 cm) als Bodenteil
- 32 Schrauben (35 mm)

Bauanleitung

Jeweils an den beiden Enden des Vorder- und Rückenteils mit 1 cm Abstand zum Rand drei Löcher vorbohren, wobei sich das obere Loch etwa 2,5 cm unterhalb der Oberkante befindet. An den langen Seiten des Bodenteils entlang mit 1 cm Abstand zum Rand sechs Löcher vorbohren, und an den kurzen Seiten vier Löcher. Vorder- und Rückenteil über die vorgebohrten Löcher mit den Seitenteilen verschrauben. Danach das Bodenteil anschrauben.

Die somit entstandene Kiste muss nun mit großen Luftlöchern versehen werden. Im Vorderteil wird eine Reihe aus Löchern mit 25 mm Durchmesser entlang des unteren Drittels gebohrt, und im Rückenteil eine Reihe entlang des oberen Drittels. Dadurch kann die Luft entweichen, wenn es in der Kiste zu heiß wird.

Um zu verhindern, dass Abfälle und Würmer aus den Löchern fallen, muss man diese mit einer Art Gitter aus einem biologisch nicht abbaubaren Material bespannen und mit Nägeln oder Klammern befestigen. Hier ist Einfallsreichtum gefragt. Im Eisenwarenladen hat man mir irgendein Metallsieb gegeben, von dem ich nicht einmal sagen kann, wozu es einmal gedient hat. Geeignet ist im aber Grunde jedes engmaschige Geflecht.

Zum Schluss wird der Deckel gebaut. Dieser kann aus einer einzelnen Sperrholzplatte bestehen oder aus zusammengenagelten Dielenbrettern. Wer sich den Deckel für eine 30 x 60 x 90 cm große Wurmkiste aus Dielenbrettern bauen möchte, braucht eine Holzdiele mit 4 m Länge und 20 cm Breite. Daraus sägt man sich drei 90 cm lange Stücke und zwei 60 cm lange Stücke zurecht. Die drei 90 cm langen Stücke werden nebeneinandergelegt und die zwei 60 cm langen Stücke quer darüber. Dann nagelt oder schraubt man die 60 cm langen Stücke an die 90 cm langen Stücke

– und fertig ist der Deckel. Dieser wird nun mit zwei Scharnieren (50 mm sind ideal) an der Kiste befestigt. Damit die Kiste richtig schließt, müssen die Scharniere flach sein. Die Scharniere für meine eigene Wurmkiste stammen übrigens von einem alten Kleiderschrank.

Damit die Kiste nicht zu faulen beginnt, darf sie nicht direkt auf dem Boden stehen. Ich habe Ziegelsteine darunter gelegt, aber man könnte auch ein paar Leisten unter den Boden schrauben. Von außen habe ich meine Kiste lasiert und mit einem Schutzanstrich für Gartenmöbel versehen. Das Innere einer Wurmkiste darf jedoch nicht behandelt werden, da die Würmer auf Chemikalien empfindlich reagieren.

Damit der Deckel offen bleibt, während ich in der Kiste hantiere, benutze ich ein Stück Kupferrohr als Stütze. Es wäre allerdings schlauer gewesen, wenn ich gleich in den Deckel eine Stütze eingebaut hätte.

Hier ist sie also: eine Holzkiste mit ein paar Löchern und einem Deckel obendrauf. Ganz einfach. Jetzt muss man nur noch das Bett herrichten und ein paar Würmer kaufen.

Wie eine Wurmkiste funktioniert

Die Würmer fressen unsere Abfälle und Schalen, und sie fressen auch Bakterien, Schimmel und Pilze, die den Müll zersetzen. Im Prinzip vertilgen sie verrottendes organisches Material in sehr großen Mengen. Die Verdauungsenzyme im Magen der Würmer zersetzen die Nahrung und entziehen ihr die Nährstoffe. Übrig bleibt eine Mischung aus Erde, Bakterien und pflanzlichen Überresten, die von den Würmern in Form von Wurmhumus ausgeschieden wird. Und genau diesen Wurmhumus ernten wir.

Würmer brauchen ein Bett und Futter. Ihr Futter ist unser Abfall, und das Bett macht den Würmern das Leben nicht nur angenehmer, sondern darin können sie auch ihre Eier ablegen. Würmer sind so reinliche Haushälter, dass sie irgendwann auch ihr Bett auffressen und man es daher alle drei bis vier Monate erneuern muss.

Die Würmer

Man kann nicht einfach Würmer im Garten ausgraben und in eine Wurmkiste stecken. Das funktioniert nicht. Gartenwürmer sind Bodenlebewesen. Sie produzieren keine großen Mengen an Kompost, hassen es, eingesperrt zu sein und werden nicht gern gestört. Was man braucht, sind Kompostwürmer, die in der Regel rot sind, viel herumzappeln und der Gattung Eisenia oder Lumbricus angehören. Ein paar davon kann man sich vielleicht bei Freunden besorgen, oder man kauft sie in Angelläden oder übers Internet.

Würmer werden nach Gewicht und nicht nach Menge verkauft. Das richtige Verhältnis zwischen Würmern und Nahrung beträgt 2:1. Um zu ermitteln, wie viele Würmer man braucht, kann man seine wöchentlichen Abfälle abwiegen: Für ein Kilo Abfall braucht man zwei Kilo Würmer. Wer Geduld hat, kann auch weniger kaufen und warten, bis sie sich vermehrt haben. Allerdings darf man unterdessen nicht den gesamten Abfall einer Woche in die Wurmkiste stecken, da man das System sonst überlastet.

Das Wurmbett

Das Wurmbett speichert Feuchtigkeit, bietet den Würmern ein Arbeitsumfeld, gibt uns eine Unterlage, auf der wir unsere Abfälle ablegen können, und dient den Würmern schließlich als Nahrung. Es versorgt die Tiere mit Kohlenstoff und sollte daher am besten mehrere verschiedene Bestandteile haben, wie Zeitungspapier, Kokosfasern, Erde, tierischen Dünger, Laubkompost, Holz- oder Papierschnitzel. Man kann aber auch spezielle Wurmerde kaufen.

Das angefeuchtete Wurmbett muss drei Viertel der Kiste ausfüllen. Das einfachste Grundmaterial ist Zeitungspapier, das in Streifen gerissen wird. Bitte nur schwarz-weiß bedrucktes Papier verwenden, da farbige Tinte voller Chemikalien steckt. Schnitzel aus anderem Papier gehen auch, lassen sich aber nicht so gut befeuchten wie Zeitungspapier. Besonders gut funktioniert ein Kokosfaserblock, den man zuerst mit heißem Wasser getränkt hat. Den bekommt man zwar nicht kostenlos, aber dafür ist er sauber, geruchlos und speichert die Feuchtigkeit wirklich gut.

Das Grundmaterial muss mit etwas Gartenerde versetzt werden. Die darin enthaltenen Steinchen werden nämlich von den Würmern aufgenommen und helfen ihnen beim Zerkleinern der Nahrung – wie eine Art Zahnersatz, nehme ich an. Durch die Erde gelangen auch Bakterien und Pilze in den Kompost und unterstützen somit den Zersetzungsprozess. Man gibt also ein paar Kellen Gartenerde auf das Grundmaterial aus Papier, Kokosfasern, Laubkompost, Holzschnitzeln oder wofür man sich sonst entschieden hat, und mischt alles gründlich durcheinander.

Gegenüber, oben links: **Das Wurmbett wird aus einer Mischung aus Zeitungsschnitzeln, Kokosfasern, Erde und Wasser hergestellt.** Unten links: **Das neue Zuhause wird eingerichtet.** Rechts: **Meine neuen Freunde, Würmer aus dem Angelladen.**

Wurmfutter

Gut

Gemüseschalen – mit Zwiebeln sparsam sein

Gegartes Gemüse

Pizzarand

Vegetarische Speisereste

Teebeutel

Brot

Kuchen

Kekse

Nudeln

Salat

Haferflocken

Ananasschalen

Jedes grüne Gemüse bzw. Blätter und Stiele

Apfelgehäuse

Kaffeesatz

Bananenschalen

Schlecht

Chilischoten

Reste von scharfen Currygerichten

Maiskolbenstrünke

Fleisch- und Fischreste – die Würmer säubern zwar die Knochen, aber durch das Fleisch fängt die Kiste an zu stinken

Heimtierkot

Zu viele Zitrusschalen, da diese einen Stoff enthalten, der für Würmer giftig ist

Würmer gut versorgen

Ein bis zwei Stunden nachdem man die Würmer in ihre Kiste gesetzt hat, kann man anfangen, sie mit Futter zu versorgen – unseren Abfällen. Ich wickle das Futter immer in Zeitungspapier ein, und zwar aus zwei Gründen: Es hält die Fruchtfliegen fern und versorgt die Würmer mit dem für sie wichtigen Kohlenstoff. Außerdem kann ich auf diese Weise sehen, wann sich die Würmer über ihre Nahrung hermachen und merke, ob ich sie überfüttere.

Bei meiner wöchentlichen Fütterung vergrabe ich die Abfälle jedes Mal an einer anderen Stelle in der Kiste. Das Wurmbett sollte sich immer feucht anfühlen – es darf weder klatschnass noch knochentrocken sein. Ist es zu trocken, feuchte ich es mit Wasser an, und ist es zu nass, lege ich Papprollen vom Toilettenpapier hinein, die das Wasser aufsaugen.

Würmer mögen kein Futter, das zu stark gewürzt, sehr salzig, sehr sauer oder zu groß zum Kauen ist. Wenn man ihren Speiseplan ungefähr so gestaltet wie den eines Kleinkindes, kann man nicht viel falsch machen. Sie können mit ihren winzigen Mäulern nur zerkleinerte Nahrung und solche, die weich genug ist, um sich darin zu vergraben, fressen. Da die Würmer außerdem eine Extraportion Kalzium brauchen, kann man ihnen ab und zu fein zermahlene Eierschalen servieren.

Das ideale Zuhause für Würmer

Um Abfall in Humus zu verwandeln, brauchen die Würmer 15–25 °C. Sie können zwar auch bei 10 °C arbeiten, aber unterhalb des Gefrierpunkts wird es für sie lebensgefährlich. Wer seine Würmer im Freien halten möchte, muss der Kiste daher einen Wintermantel verpassen, um den Prozess am Laufen zu halten. Dazu kann man Luftpolsterfolie verwenden oder die Wurmkiste doch besser nach drinnen holen. Würmer brauchen außerdem viel Luft, Feuchtigkeit und einen möglichst neutralen pH-Wert. Eine gut aufgebaute Wurmkiste ist eigentlich genügend belüftet, aber wenn man sie an einem beengten, stickigen Ort stehen hat, nützt das recht wenig. Der pH-Wert lässt sich durch das Futter beeinflussen. Daher sollte man nicht zu viele Zwiebeln oder Zitrusschalen auf einmal in die Kiste legen.

Der beste Standort für die Wurmkiste ist dort, wo die Küchenabfälle entstehen, denn dadurch geht man sicher, dass die Abfälle auch immer in der Kiste landen.

Wurmhumus ernten

Wie oft man den Wurmhumus erntet, hängt hauptsächlich davon ab, wie viele Würmer man hat, wie oft man sie füttert und bei welcher Temperatur die Kiste gelagert wird. Im Winter bei Temperaturen unter 10 °C tun die Würmer nicht viel, und wenn man sie weiterhin mit Nahrung versorgt, verlangsamt sich der Prozess. Im Sommer kann man den Humus jedoch alle zwei bis drei Monate ernten. Anfangs sollte man regelmäßig nachschauen, bis man seinen Rhythmus gefunden hat.

Der Wurmhumus ist fertig, wenn er eine kräftige, dunkle Farbe hat und sich wie schwere, reichhaltige Pflanzerde anfühlt. Ernten kann man ihn auf verschiedene Weise. Die einfachste Methode ist die, so lange abzuwarten, bis sich der ganze Inhalt der Kiste in feinen Wurmhumus verwandelt hat, indem man die Würmer beispielsweise im Winter vier Monate lang füttert und die Kiste danach weitere vier Mo-

nate stehen lässt. Das bedeutet aber auch, dass man seine Würmer vermutlich umbringt, da sie am Ende kein Futter mehr haben und anfangen, ihren eigenen Humus zu fressen. Außerdem wird der Humus dadurch nicht ganz so nährstoffreich. Trennen und Sortieren ist die bessere Methode. Sobald die Würmer ihr Bett so weit aufgefressen haben, dass man darin keine Abfälle mehr vergraben kann, wird es Zeit, es zu erneuern. Der ganze gute Humus wird auf eine Seite der Kiste geschoben und auf der anderen Seite frisches Wurmbett aufgefüllt. Die Abfälle werden jetzt nur noch im frischen Wurmbett vergraben, sodass die Würmer nach ungefähr einer Woche dahin umgezogen sind, und man den wertvollen Humus auf der anderen Seite ernten kann. Das sollte man alle zwei bis drei Monate tun, um die Produktion richtig am Laufen zu halten.

Die dritte Methode besteht darin, zwei Drittel des Wurmhumus herauszunehmen und frisches Wurmbett in das letzte Drittel zu füllen, in dem es noch genügend Würmer und Kokons gibt, die den Prozess aufrechterhalten. Diese Methode ist nicht ganz so produktiv, sodass man sich ab und zu ein paar neue Würmer anschaffen muss, wenn sich der Prozess zu stark verlangsamt hat.

Verwendung von Wurmhumus

Wurmhumus, auch Vermihumus genannt, eignet sich besonders gut zur Kopfdüngung von Zimmerpflanzen, da diese somit neues Material und eine gute Portion Nährstoffe gleichzeitig bekommen. Wer den Humus für seine Zimmerpflanzen erst sterilisieren möchte, muss ihn von Springschwänzen befreien. Dazu den Kompost in Plastikfolie füllen und eine Weile in der Sonne liegen lassen. Wurmhumus ist ein wertvoller Zusatz für jede Topfpflanzenerde. Um die Erde mit Nährstoffen anzureichern, vermischt man vier Teile Universalerde mit einem Teil Wurmhumus. Auch Jungpflanzen freuen sich beim Auspflanzen über eine ordentliche Portion Wurmhumus im Pflanzloch.

Noch mehr guter Kompost

Laubkompost besteht ausschließlich aus Blättern. Er ist die beste Aussaaterde, die die Natur zu bieten hat, da er locker ist und die Feuchtigkeit gut speichert. Wegen seines geringen Nährstoffgehalts sollte Laubkompost für erwachsene Pflanzen nicht pur verwendet werden, aber zur Bodenverbesserung, als gehaltvolles Mulchmaterial oder als auflockernder Zusatzstoff für gekaufte Pflanzerde ist er ideal.

Da Blätter nicht so schnell verrotten wie anderes Material, darf man sie nicht direkt auf den Komposthaufen werfen. Während normaler Kompost mithilfe von Bakterien zersetzt wird, geschieht das beim Laubkompost durch Pilze – und das dauert länger. Um Laubkompost zu machen, sammelt man das ganze Laub im Garten ein, steckt es in einen Sack, in den man ein paar Löcher gestochen hat, bindet den Sack zu und lässt die Blätter darin langsam verrotten. Ich schreibe immer das Datum darauf.

Wer einen großen Garten am Haus oder einen Schrebergarten hat, kann sich eine einfache Kiste aus Maschendraht basteln und darin bergeweise Laubkompost herstellen. Wenn man viel Laub hat, die Blätter erst mit dem Rasenmäher zerkleinern, bevor man sie in den Sack steckt, weil dadurch der Zersetzungsprozess stark beschleunigt wird. Mit dieser Methode war mein Laubkompost schon in weniger als acht Monaten fertig – sonst dauert es mindestens ein Jahr.

Aus Kiefernnadeln kann man guten Kompost für Säure liebende Pflanzen herstellen. Dazu lässt man die Nadeln ein bis zwei Jahre langsam verrotten. Da immergrüne Blätter noch mehr Zeit zum Verrotten brauchen als Laubblätter – nämlich mindestens zwei Jahre –, sollten diese beiden Arten nicht zusammen kompostiert werden.

Gründünger

Bei Gründünger handelt es sich um Nutzpflanzen, die zur Bodenverbesserung ausgesät werden. Sie eignen sich besonders für Schrebergärten und neu angelegte Gärten, da sich die Pflanzen rasch etablieren und die Unkräuter aus dem Felde schlagen. Nachdem die Pflanzen ihre Arbeit getan haben, werden sie in den Boden eingearbeitet. Dadurch erhöhen sie den Anteil an organischem Material im Boden und fungieren als natürlicher Dünger.

Die Aussaat von Gründüngerpflanzen lohnt sich auch dann, wenn ein Stück Land nur wenige Wochen ungenutzt bleiben soll. Es gibt drei Arten von Gründüngerpflanzen: schnell wachsende Blattpflanzen, Gewächse aus der Familie der Hülsenfrüchtler (*Leguminosen*) und solche mit faserigen Wurzeln, beispielsweise den blau blühenden Bienenfreund (*Phacelia tanacetifolia*). Man kann ihn als Zwischenfrucht anbauen, d.h. nach ein paar Wochen oder Monaten in den Boden einarbeiten, oder einfach stehen und blühen lassen. Ich habe fast ein Jahr gebraucht, bis ich mit dem Umgraben an der letzten Stelle meines Gartens angekommen war, aber das war nicht schlimm, weil die Pflanze dort inzwischen einen herrlichen blauen Teppich gebildet hatte, auf den die Bienen regelrecht verrückt waren. Kurzzeitig angepflanzt, versorgt die Phazelie den Boden mit Stickstoff. Wenn man sie länger stehen lässt, lockert ihr faseriges Wurzelsystem das Erdreich auf, und wird sie schließlich eingegraben, dient sie dem Boden als organisches Material.

Roggen (*Secale cereale*) und Rot-Klee (*Trifolium pratense*) sind ebenfalls nützliche Gründüngerpflanzen. Roggen lockert mit seinen Faserwurzeln den Boden auf. Nachdem man ihn eingegraben hat, muss man mit der Aussaat neuer Pflanzen jedoch drei Wochen warten. Rot-Klee gehört zur Familie der Hülsenfrüchtler und hat, genauso wie seine Verwandten, Knöllchen an seinen Wurzeln, die in der Lage sind, Stickstoff aus der Luft zu binden. Nachdem man sie in den Boden eingearbeitet hat, geben sie den Stickstoff allmählich an die nachfolgenden Pflanzen ab. Rot-Klee kann man über den Winter hindurch anbauen, sodass der Boden für die Aussaat im Frühjahr fruchtbar ist. Blühend ist er auch sehr hübsch.

Links: Herbstlaub sammeln für den Laubkompost. Der braucht etwa ein Jahr.
Unten: Das Ergebnis: eine tiefbraune krümelige Masse – bereit für die Aussaat.

Aussaat, Anzucht & Abhärtung

Selbst aussäen und staunen

Die Bausteine eines jeden Gartens sind die Samen, winzige verheißungsvolle Körnchen, die manchmal kostenlos und fast immer billig zu haben sind. Wenn man das Säen erst einmal beherrscht, beginnt sich die Welt des Gärtnerns ein wenig zu wandeln, und man merkt schon bald, wie leicht man sich sein kleines Paradies auf Erden fast umsonst erschaffen kann.

Samen brauchen vier Dinge, um keimen und wachsen zu können: Wasser, Licht, die richtige Temperatur und Sauerstoff. Samenkörner befinden sich von Natur aus im Ruhezustand, aus dem wir sie erwecken müssen. Ist der Boden feucht und warm genug, legen sie los. Wärme ist wahrscheinlich wichtiger als alles andere, denn wenn es für uns draußen zu kalt ist, dann ist es den Samen vermutlich auch zu kalt. Wie sagt man so schön: Der Boden ist erst warm genug für die Aussaat, wenn man mit heruntergelassenen Hosen darauf sitzen kann.

Es gibt eine Faustregel, die besagt, je größer das Samenkorn, desto tiefer muss es in die Erde gesetzt werden, um keimen zu können. Die winzigen Samen von Mohnpflanzen sind auf Licht angewiesen und müssen daher auf der Erdoberfläche ausgebracht werden. Bohnen dagegen müssen mit Erde bedeckt sein, weil sich die Sämlinge sonst nicht tief genug im Boden verwurzeln können und beim Heranwachsen umfallen – sie bilden zuerst ihre Wurzeln und treiben später aus.

Man braucht sich nur einen Bohnensprössling mit seinen feinen, zarten Wurzeln anzuschauen, um zu verstehen, weshalb Samen einen weichen und milden Boden brauchen. Wer schon einmal über einen Acker gelaufen ist, wird bemerkt haben, dass der Boden dort voller Erdbrocken und Steine ist, über die in jedem Gartenhandbuch steht, dass man sie um jeden Preis loswerden sollte. Ein ordentlich gepflügtes Saatbeet macht einem jedoch das Leben leichter. Ein Boden aber, der sich einfach nicht in feine lockere Erde verwandeln lassen will, ist noch lange kein Grund aufzugeben. Man muss beim Säen nur auf die richtigen Bedingungen achten. Samen sind widerstandsfähig und in den meisten Fällen gehen sie auf, egal worin man sie aussät.

Wenn das Beet für die Aussaat bereit ist, muss es bewässert werden. Dabei sollten jedoch nur die Bereiche gegossen werden, an denen man die Samen ausbringt, denn sonst befeuchtet man auch die Unkrautsamen mit.

Vorherige Seite:
Beim Pikieren werden
die Sämlinge an den
Keimblättern angefasst
und ihre Wurzeln
abgestützt.
Gegenüber:
Samen gibt es in ver-
schiedenen Formen
und Größen. Links:
Manche Samen, wie
die von Salatpflanzen,
braucht man nur
großzügig auf die
Oberfläche zu streuen
und mit ein wenig Erde
zu bedecken.

Wie man sät

Die Samen gleich direkt aus der Tüte in den Boden zu schütten, ist keine gute Idee, weil man sie dadurch schlecht dosieren kann und die Hälfte von ihnen verschwendet. Es ist besser, wenn man sich eine kleine Menge davon auf die Handfläche schüttet und, falls es sehr kleine Samen sind, in die obere Handlinie, die sogenannte Herzlinie, schiebt. Mit etwas Übung bewegen sich die Samen durch Öffnen und Schließen der Hand entlang der Herzlinie wie auf einem Fließband nach unten. Bei größeren Samen, wie Radieschen- und Spinatsamen, nehme ich mir eine Prise davon aus der Handfläche und lasse die Samen einzeln nacheinander in den Boden fallen. Es ist ein gutes Gefühl, wenn man das Säen richtig beherrscht, und daher gilt: Übung macht den Meister.

Auf einer ordentlichen Samentüte ist vermerkt, wann und wo die Aussaat erfolgen muss. Damit nichts misslingt, ist es wichtig, die angegebene Saattiefe und den Saatabstand einzuhalten. Irgendwann ist man so erfahren geworden, dass man diese Dinge nicht mehr auf dem Päckchen nachlesen muss, sondern zusammen mit Telefonnummern und Trivial-Pursuit-Antworten im Kopf gespeichert hat. Aber bis es soweit ist, sollte man zur Sicherheit besser nachschauen.

Die Qual der Samenauswahl

Beim Anlegen eines neuen Gartens kommt man mit Einjährigen und Gemüsepflanzen am schnellsten voran. Mehrjährige, von denen nur wenige bereits im ersten Jahr blühen, brauchen Zeit, bis sie aus ihren Samen zu großen

Pflanzen herangewachsen sind. Wer möchte, kann es ruhig versuchen, sollte aber zuvor das Samenpäckchen lesen und sich darauf einstellen, dass es eine Weile dauern wird, bis man üppige Pflanzen hat. Wer in seinem Garten unbedingt eine oder zwei Lavendelpflanzen haben möchte, sollte sich lieber gleich eine Pflanze kaufen oder Stecklinge nehmen (mehr dazu im Kapitel „Schnitt & Vermehrung" ab Seite 114).

Gemüse und Kräuter

Bei der Wahl der Gemüsepflanzen sollte man auf den Magen und den Geldbeutel hören. Zwiebeln kann man billig kaufen, und, ehrlich gesagt, sind die geschmacklichen Unterschiede auch nicht so groß, als dass es sich unbedingt lohnen würde, sie selbst anzubauen. Der Eigenanbau von Salat, vor allem von ausgefallenen Arten mit würzigen, bunten Blättern oder verschiedenen Schnittsalatsorten, sollte hingegen belohnt werden. Eine von der Sonne erwärmte und direkt vom Strauch gepflückte Tomate ist ihren Kollegen aus dem Gemüseladen in jeder Hinsicht überlegen. Bei kleinen Gärten spielt auch das Aussehen eine Rolle, und daher sollte man bei der Wahl des Gemüses auch auf Farbe und Form achten, damit sich die Pflanzen ihren Platz wirklich verdienen.

Saatguthersteller bieten inzwischen Sorten an, die speziell für den Anbau in Kübeln geeignet sind. Am großzügigsten sind die italienischen Hersteller. Vielleicht hat es mit ihrer Liebe zum Essen zu tun, dass ihre Samenpäckchen bis zum Rand gefüllt sind. Allerdings findet man auf der Rückseite der Packungen oft rätselhafte Schaubilder mit den Saatzeiten oder höchst amüsant übersetzte Saatanleitungen.

Für alle, die nur eine Fensterbank, eine Veranda oder einen verwahrlosten Vorgarten haben, sind Kräuter das Richtige. Frische Kräuter geben unseren Speisen das gewisse Etwas. Sie können fade Tiefkühlkost in leckere Speisen verwandeln und machen jedes selbst gekochte Essen zu etwas Besonderem. Oft sind sie leicht anzubauen.

Gegenüber: Zur Aussaat in Reihen zieht man eine Furche und streut die Samen gleichmäßig hinein. Die Furche mit Erde schließen und wässern. Unten: Dahlien sehen herrlich in Vasen aus.

Die meisten Mittelmeergewächse, wie Basilikum, Oregano, Rosmarin und Ähnliches, sind mindestens die Hälfte des Tages auf Sonne angewiesen. Minze, Petersilie, Sauerampfer und Kerbel wachsen im Schatten, vertragen aber keinen tiefen Schatten.

Blumen

Wer sich nach Blumen sehnt, hat die Wahl aus Hunderten von Einjährigen, Zweijährigen und Mehrjährigen. Je nach Belieben kann man Blumen nach Duft und nach Farbe auswählen oder danach, ob sie sich als Schnittblumen eignen. Vorsicht ist lediglich bei Farbmischungen geboten, denn sofern es sich nicht um Pastelltöne handelt, kann es passieren, dass man am Ende das Foto auf dem Samenpäckchen in grellbunter Ausführung im Garten stehen hat.

Samen sind in der Regel viel länger haltbar als auf dem Päckchen angegeben. Am besten lagert man sie im Kühlschrank. Ein nur zur Hälfte aufgebrauchtes Päckchen kann auch im nächsten Jahr und vermutlich auch noch ein paar Jahre länger verwendet werden, solange man es mit Klebeband gut verschließt und in einem Behälter im Kühlschrank aufbewahrt. Der Behälter muss jedoch unbedingt luftdicht

sein, da sich die Samen bei Feuchtigkeit schnell zersetzen. Einige große Saatguthersteller bieten ihre alten Lagerbestände zu Rabattpreisen an, sodass man wirklich interessante Samen spottbillig bekommt. Da die Samen aus der letzten Saison stammen, haben sie vielleicht etwas an Keimfähigkeit eingebüßt, aber nie in dem Maße, als dass sie gar nicht mehr aufgehen würden. Außerdem ist man mit einer Fülle von billigen Samen experimentierfreudiger und eher bereit, einmal etwas Neues auszuprobieren.

Alte Sorten

Es gibt Gemüsesorten und Blumen, die schon seit Jahrzehnten existieren, und bei denen die Bestäubung durch Bienen und andere Insekten erfolgt anstatt durch Menschenhand. In den 1950-er Jahren ging man im Gartenbau verstärkt zur Hybridisierung über, d.h. zur künstlichen Kreuzung zweier Arten. Viele dieser Hybriden sind sogenannte F1-Hybriden, die aufgrund bestimmter Eigenschaften, wie etwa Ertragsreichtum und einheitliche Größe, gezüchtet werden, und bei denen andere Merkmale, wie Geschmack und Duft, oft zweitrangig sind. F1 bedeutet erste Filial- oder Tochtergeneration. Dazu nimmt man zwei Eltern, welche die gewünschten Merkmale besitzen, und produziert daraus Samen der ersten Hybridgeneration. Die aus den Samen dieser ersten Hybridgeneration entstehenden Pflanzen sind jedoch keine zuverlässig identischen Kopien dieser Hybride und verlieren oft an Ertragspotenzial. Für Gärtner und Landwirte bedeutet das, dass man diese Samen nicht für das nächste Jahr gewinnen kann. Wenn man die entsprechende Sorte noch einmal haben möchte, muss man sich neues Saatgut kaufen.

An F1-Hybriden ist im Grunde nichts auszusetzen. Als Nutzpflanzen haben sie sich für die Landwirtschaft und Nahrungsversorgung als sehr nützlich erwiesen. Ihre Einführung hat jedoch dazu geführt, dass es keine so große Vielfalt mehr gibt und dass einige Landwirte ihr Saatgut nicht mehr selbst herstellen können. Jeder sollte mindestens eine Ursorte im eigenen Garten anbauen. Die daraus gewonnenen Samen sind wieder sortenrein und obendrein in der Lage, sich den örtlichen Bedingungen anzupassen. Durch die Gewinnung der Samen erweitert man den Genpool für die nächste Generation, und beim Ernten von Gemüse alter Sorten bekommt man ein klein wenig Geschichte zu schmecken, ein Genuss, der manchmal geradezu überwältigend ist.

Links: Da Möhrensamen sehr empfindlich und nicht lange haltbar sind, sollte man das Samenpäckchen innerhalb eines Jahres aufbrauchen. Gegenüber, oben: Dahlien. Unten: In bunten Saatgutmischungen bekommt man Blumensamen am billigsten.

Aussaat in ausrangierten Plastikdosen. Zuerst sticht man mit einer heißen Nadel Abflusslöcher in den Boden (oben links) und füllt die Behälter fast bis zum Rand mit Erde. Danach streut man die Samen darauf (oben rechts), drückt sie vorsichtig in die Erde (unten) und gießt sie.

Wo man aussät

Viele Samen kann man direkt im Boden aussäen, manche sind damit glücklich und andere keimen lieber an einem gesonderten Ort.

Bei den meisten Gemüsesamen (außer Mittelmeergewächsen) handelt es sich um frostharte Einjährige, die auch direkt im Boden ausgesät werden können. Einige Sorten behält man jedoch besser unter Kontrolle, wenn man sie zuerst in Saatschalen ausbringt und danach als Sämlinge ins Beet pflanzt. Das gilt vor allem für Pflanzen, die besondere Bedürfnisse im Hinblick auf Temperatur, Licht und Wasser haben.

Ein weiterer Grund, eine Direktaussaat zu vermeiden, ist der, dass es auch andere gibt, die sich für die Samen und Sämlinge interessieren, wie etwa Schnecken, Mäuse und Vögel. Man sollte die Sämlinge vor dem Auspflanzen möglichst auf eine ordentliche Größe heranwachsen lassen, damit sie eine größere Überlebenschance haben, falls sich die Tiere darüber hermachen. Und für den Fall, dass das Schlimmste passiert und alle Pflanzen zu Tode gemampft worden sind, kann man die Lücken immer noch mit ein paar Reservepflanzen füllen, die man in der Saatschale übrig hat.

Leute, die einen Schrebergarten oder ein Plätzchen in einem Gemeinschaftsgarten haben und nur an den Wochenenden Zeit finden, dort vorbeizuschauen, können sich im Frühjahr den schmerzhaften Anblick zerfressener oder erfrorener Pflänzchen ersparen, indem sie ihre Sämlinge zu Hause heranziehen, wo sie täglich ein Auge darauf haben.

Für die Aufzucht in Saatbehältern braucht man gute Erde. Da Universalerde für die Aussaat nicht unbedingt das Beste ist, sollte man sich seine Erde lieber selbst machen oder gekaufte Universalerde ein wenig abwandeln. Die beste Aussaaterde ist eine Mischung aus einem Drittel Universalerde oder selbst gemachter Komposterde, einem Drittel Laubkompost und einem Drittel Vermikulit. Laubkompost ist ideal für Sämlinge. Wer keinen hat, kommt auch mit Vermikulit und Erde aus. Und wer auch noch keine eigene

Komposterde hat, kann sich fertige Aussaaterde kaufen. Dabei sollte man sich unbedingt die Liste mit den Inhaltsstoffen durchlesen. Viele Produkte sind nämlich mit anorganischem Dünger und Torf versetzt – Ersterer ist unnötig und Letzterer kein nachhaltiger Rohstoff.

Für die Aussaat kann man entweder Saatkisten verwenden oder Anzuchtplatten mit einzelnen Mulden. Für Gemüse nehme ich gern Anzuchtplatten, da man zunächst zwei bis drei kleine Samen in einer Mulde aussäen kann. Die schwächeren Pflänzchen werden ausgedünnt und die kräftigsten lässt man heranwachsen. Die Sämlinge in den Mulden lassen sich einfach verpflanzen. Nachdem man ein Gemüse abgeerntet hat, kann man die herangezogenen Sämlinge samt Ballen direkt in die nun frei gewordenen Pflanzlöcher im Gemüsebeet setzen und spart dadurch viel Platz.

Auch wenn es noch so verführerisch ist, sollte man nicht gleich eine ganze Anzuchtplatte mit einer Tüte Samen bestücken. Bei einer Platte mit dreißig Mulden hätte man am Ende dreißig identische Tomatenpflanzen, die man entweder einpflanzen oder aber wegwerfen muss. Daher sollte man nur so viele Samen ausbringen, wie man Pflanzen haben will, sowie ein paar zusätzliche Samen als Reserve.

Was man wo aussät

Direktaussaat

Möhren, Rote Bete, Radieschen, Haferwurzel

Kornblume (*Centaurea cyanus*), Ringelblume (*Calendula officinalis*/oben links), Roter Lein (*Linum grandiflorum*), Jungfer im Grünen (*Nigella damascena*), Zwerg-Mohn (*Papaver commutatum*), Klatsch-Mohn (*Papaver rhoeas*), Schlaf-Mohn (*Papaver somniferum*), Godetien, Kapuzinerkresse

Aussaat in Töpfen, Anzuchtplatten oder Direktaussaat

Salat, Asiatisches Blattgemüse, Kohlgemüse, Spinat, Bohnen, Mangold (oben rechts), Winter-Kresse, Petersilie

Duft-Wicke (*Lathyrus odoratus*/besser in Töpfen), Große Wachsblume (*Cerinthe major* var. *purpurascens*), Sommernachts-Levkoje (*Matthiola longipetala* subsp. *bicornis*), aber Stiefmütterchen (*Viola* x *wittrockiana*) in Töpfen

Aussaat nur in Saatkisten, Anzuchtplatten oder Töpfen

Zucchini, Gurken, Melonen, Tomaten, Paprika, Auberginen, Zwiebeln, Chili, Basilikum

Schmuckkörbchen (*Cosmos bipinnatus*), Prunkwinde (*Ipomea*), Minze, Dahlien, Fleißiges Lieschen (*Impatiens*)

Links: Eine alte Wasserflasche als Gießhilfe. Gegenüber: Richtig pikieren. Die Sämlinge werden vorsichtig voneinander getrennt, ohne dabei an den Wurzeln zu ziehen, und einzeln in Töpfe gepflanzt.

Sämlinge gießen

Sämlinge dürfen nur behutsam bewässert werden. Ein kräftiger Strahl aus der Gießkanne bringt Erde und Wurzeln durcheinander und lässt die Sämlinge leicht umkippen. Entweder nimmt man eine Kanne mit feiner Brause oder eine alte Flasche mit möglichst breitem Hals, in deren Deckel man konzentrisch angeordnete kleine Löcher sticht. Die mit Wasser gefüllte Gießflasche stellt man am besten neben die Anzuchtkästen auf ein sonniges Fensterbrett. Dadurch ist das Wasser zur Freude der Sämlinge leicht angewärmt. Die Aussaaterde muss immer feucht gehalten werden. Ihre Oberfläche sollte sich feucht, aber nicht nass anfühlen. Kästen, die einen durchsichtigen Deckel haben oder mit einer Plastiktüte abgedeckt sind, sollten mit Kondenswasser beschlagen sein.

Pikieren

Wenn die Sämlinge ihren Anzuchtbehältern entwachsen sind, wird es Zeit, sie zu pikieren. Das bedeutet, dass jeder Sämling seinen eigenen Platz zum Wachsen bekommt. Da man oftmals nicht genügend Platz für alle Sämlinge hat, sollte man möglichst schonungslos vorgehen. Ein Pflanzenüberschuss von höchstens 50 Prozent ist als Reservekontingent völlig ausreichend. Sämlinge dürfen nie am Trieb angefasst werden, da dieser sehr zart ist und leicht Schaden nimmt. Dasselbe gilt für die Wurzeln. Anfassen ist nur an den Blättern erlaubt. Je nach Wachstumsstadium kann ein Sämling zwei verschiedene Arten von Blättern haben: Keimblätter und echte Blätter. Aus den Keimblättern ernährt sich die Pflanze so lange, bis ihre richtigen Blätter entstehen. Das ist auch der Grund, warum Aussaaterde keine Nährstoffe braucht. Sämlinge sollten daher stets an den Keimblättern festgehalten werden, da diese stabiler sind. Zum Pikieren der Pflanzen kann man einen Bleistift oder ein spitzes Pflanzenetikett verwenden, um die Wurzeln abzustützen, während man die Sämlinge aus der Erde heraushebt.

Danach werden die Sämlinge eingepflanzt. Pflanzen die ihren Anzuchtkästen entwachsen sind, haben viel Hunger. Man setzt sie gewöhnlich in Töpfe mit 7,5 cm Durchmesser, in denen sie ein ordentliches Wurzelsystem entwickeln können. Ich säe die meisten Gemüsesorten direkt in Anzuchtplatten mit größeren Mulden aus und lasse sie darin heranwachsen, bis sie ins Freie gesetzt werden können. Erbsen und Bohnen lassen sich auch direkt in Töpfen mit 7,5 cm Durchmesser oder in Joghurtbechern aussäen.

Das Eintopfen von Sämlingen ist einfach. Man befüllt die Töpfe bzw. Mulden mit Erde, macht mit dem Bleistift ein Loch in die Mitte und setzt das Pflänzchen hinein. Damit die zarten Wurzeln nicht beschädigt werden, darf man die Erde rundherum nicht fest pressen, sondern nur behutsam mit dem Bleistiftende andrücken und zum Schluss vorsichtig angießen, sodass die Sämlinge Halt bekommen.

Schutz für zarte Sämlinge

Sämlinge mit langen schlaffen Trieben haben zu viel Wärme und zu wenig Licht bekommen. Damit sie nicht spindelig werden, sollte man sie beim Eintopfen fast bis zu den Keimblättern tief in der Erde vergraben. Solange man sie nicht überwässert, funktioniert das gut.

Licht ist für Sämlinge lebensnotwendig. Manche Gärtner stellen ihre Anzuchtbehälter sogar unter Lichtkästen, damit es die Pflanzen hell genug haben. Ich finde jedoch, dass das weder den Sämlingen noch der Umwelt gut tut. Die häufigste Ursache für lange, dünne Sämlinge ist, dass man die Samen zu früh ausgesät hat und die Natur nicht mithalten kann.

Umfallkrankheit

Manchmal scheinen alle Sämlinge gut zu gedeihen, doch plötzlich gehen die in der Mitte ein, und ehe man es sich versieht, ergeht es dem Rest genauso. Diese sogenannte Umfallkrankheit wird durch Pilze verursacht, die die Sämlinge abtöten. In der Regel verfaulen die Triebe an der Basis, sodass die Pflänzchen regelrecht umkippen. Manchmal verfärben sich auch zuerst die Blätter.

Die Umfallkrankheit ist unheilbar. Die abgestorbenen Pflanzen sollten gleich entsorgt werden, damit sich die Pilze nicht auf andere Sämlinge ausbreiten können. Vorsorge ist die einzige Lösung. Da sich die Pilze im Wasser und in der Erde verbreiten, sollte man die Pflanzen nicht überwässern. Ein typisches Anzeichen für zu viel Wasser sind grüne Ablagerungen auf der Pflanzerde. Sinnvoll wäre es auch, die Sämlinge mit Vermikulit anstatt mit Erde abzudecken – Vermikulit gibt nur so viel Wasser ab, wie die Pflanzen brauchen.

Wer schon viele Sämlinge durch diese Pilzerkrankung verloren hat, kann die Erde auch in der Mikrowelle keimfrei machen. Nach sieben Minuten in einem mikrowellenfesten Behälter ist sie gründlich sterilisiert. Man sollte sich allerdings unmittelbar danach kein Essen zubereiten, da die Mikrowelle für eine Weile etwas komisch riecht. Wichtig ist auch, alles peinlich sauber zu halten. Vor dem Gebrauch müssen die Pflanzbehälter mit heißem Wasser und einem biologisch abbaubaren Desinfektionsmittel für den Haushalt gründlich gereinigt werden. Außerdem muss für ausreichende Belüftung um die Pflanzen herum gesorgt sein; an sonnigen Tagen kann man das Fenster ein wenig öffnen.

Schlechte Keimung

Es gibt drei Gründe, warum Samen nicht keimen. Vielleicht hat man sie zu tief eingegraben und, was gewöhnlich damit einhergeht, zu viel gegossen. Dadurch faulen sie in der Erde vor sich hin. Wenn die Bedingungen stimmen – richtige Temperatur, Licht und gute Erde – braucht man die Saatschalen erst wieder zu gießen, wenn sich die ersten Sämlinge zeigen.

Die Temperatur ist auch ein wichtiger Faktor. Samen erwachen erst bei der richtigen Temperatur aus ihrem Ruhezustand. Die ideale Keimtemperatur steht auf der Samentüte, und um sicher zu gehen, kann man sich ein Bodenthermometer anschaffen. Von mir kann ich sagen, dass ich beim Gärtnern deutlich mehr Erfolg habe, seit ich meine Bodentemperatur kenne.

Vielleicht liegt es aber auch einfach daran, dass man zu ungeduldig ist. Manche Samen keimen schon nach ein paar Tagen, während andere, wie etwa Bäume, Jahre dazu brauchen. Mit einem beheizbaren Anzuchtkasten lässt sich die Keimung wesentlich beschleunigen und die Bandbreite an Samen erweitern. Für alle, die viel aus Samen ziehen, lohnt sich die Anschaffung allemal. Für kleine Wohnungen eignen sich Anzuchtkästen in langer, schmaler Ausführung, die gut aufs Fensterbrett passen. Wer mehr Platz, eine geschlossene Terrasse oder ein altes Gewächshaus hat, kann sich auch mit Freunden zusammenschließen und die Sämlinge für alle heranziehen. Die anderen stellen den Platz zum Wachsen zur Verfügung, und die Ernte wird unter allen geteilt.

Diese Koriandersämlinge sind vergeilt, weil sie zu viel Wärme und zu wenig Licht bekommen haben. Als Mikrogemüse kann man sie aber immer noch essen.

Frühbeete sind ein Mittelding zwischen dem behaglichen Leben drinnen und der großen bösen Welt draußen.

Abhärtung

Sämlinge sind drinnen rundum zufrieden, doch schon bald müssen sie hinaus in die große weite Welt – und das kann ein echter Schock sein. Der Trick, mit dem man Sämlinge von drinnen nach draußen bekommt, nennt sich Abhärtung. Eine der effektivsten Methoden ist die Verwendung eines Frühbeets. Darin sind die Sämlinge vor dem schlimmsten Frost, Wind und Regen geschützt und können sich langsam akklimatisieren.

Ein Frühbeet ist nichts weiter als eine Kiste mit einem durchsichtigen Deckel. Ideal sind die von Fischhändlern verwendeten Polystyrolkisten; aus Ziegelsteinen und einer alten Fensterscheibe lässt sich eine Schnellversion bauen.

Eine dauerhafte Lösung ist ein aus alten Holzpaletten zusammengezimmertes Frühbeet in anständiger Größe. Für das Dach kauft man sich eine Plexiglasscheibe, und wer Glück hat, findet vielleicht sogar einen intakten Fensterrahmen samt Scheiben im Sperrmüll. Er eignet sich besonders gut, weil man das Fenster schrittweise öffnen kann, um die Sämlinge langsaman die neuen Bedingungen zu gewöhnen.

Sämlinge müssen ungefähr zwei Wochen im Frühbeet verbringen, bis sie richtig abgehärtet sind. Der Deckel wird tagsüber geöffnet und bleibt über Nacht geschlossen. An sonnigen Tagen brauchen die Pflanzen Schatten. Dazu hängt man am besten eine alte Netzgardine über die Kiste.

Frühbeet – abhärten auf die sanfte Tour

Materialien

2 Paletten Lattenholz, 150 cm lang
   (40 x 15 mm), für die Leisten

Plexiglasscheibe

Ovale Drahtnägel (40 mm)

Holzsäge

Tischlerhammer/Spaten

Handschuhe

Die Kiste bauen

Die Paletten sollten gleich groß und möglichst robust sein. Bitte nur Einwegpaletten verwenden. Zuerst werden die Paletten mit dem Spaten aufgestemmt, in die einzelnen Bretter zerlegt und von sämtlichen Nägeln befreit. Man braucht 20 bis 24 Palettenbretter. Das ist leichter gesagt als getan. Etwas zu zerlegen, das eigentlich nicht dafür gedacht ist, auseinandergenommen werden, erfordert Geduld. Man sollte daher möglichst neue Paletten verwenden, da nasses und faulendes oder altes Holz leicht einreißt.

Die Rückenplatte wird aus sechs Brettern mit jeweils einer Leiste an beiden Enden zusammengenagelt. Die Vorderplatte nagelt man aus vier Brettern mit je einer Leiste an beiden Enden zusammen.

Die Seitenplatten werden immer aus sechs Brettern mit jeweils einem Palettenbrett an beiden Enden zusammengenagelt. Man kann die Seiten aber auch aus Plexiglas und Leisten machen.

Die Höhe der Vorderplatte wird an einem Ende jeder Seitenplatte markiert.

Die Seitenplatten werden mit einer Holzsäge auf die markierte Höhe der Vorderplatte abgeschrägt und mit Nägeln an der Vorder- und Rückenplatte befestigt.

Den Deckel aus Plexiglas kann man entweder mit ein paar Ziegelsteinen beschweren oder mit einem Holzrahmen versehen und mit Scharnieren an der Kiste befestigen.

Zu spät für die Aussaat?

Ich säe sehr gern, aber ich weiß auch, wie leicht man den richtigen Zeitpunkt für die Aussaat verpasst – und schon wird es wieder nichts mit den Tomaten. Oder doch? Zum Glück kann man ein wenig schummeln.

Wer das richtige Wetter für die Aussaat von mediterranen Kräutern wie etwa Basilikum versäumt hat, braucht sich nicht zu grämen, denn der Supermarkt hat die Sache für uns bereits erledigt. Wenn man genau hinschaut, kann man sehen, dass die Töpfe mit Basilikum, Petersilie und Koriander eigentlich nur aus vielen dünnen Sämlingen bestehen. Diese braucht man jetzt nur noch behutsam zu trennen, und schon hat man jede Menge Basilikumpflanzen. Man stutzt ihre Wurzeln, kappt die oberen Blattpaare und pflanzt sie einzeln in Töpfe oder in den Boden. Mit einem kräftigen Schluck Wasser und etwas Flüssigdünger, wie Brennnesseljauche, Beinwelljauche (siehe Seite 113) oder Algendünger, sind sie bald rundum glücklich.

Wer keine Zeit für die Aussaat hat oder sich einfach nicht dazu aufraffen mag, kann den ganzen Aufwand umgehen und sich im Internet oder beim Versandhandel die nötigen Jungpflanzen bestellen. Die sind nicht billig, aber dafür braucht man sie nur noch einzupflanzen, und schon legen sie los. Der sparsamste Weg zu gärtnern ist das zwar nicht, aber man braucht deswegen kein schlechtes Gewissen zu haben – mit Jungpflanzen anzufangen ist nicht schlechter als die Anzucht aus Samen, sondern einfach nur teurer.

Allerdings kann man Jungpflanzen auch ausgesprochen günstig bekommen, und da viele Beetpflanzen zum Keimen Wärme brauchen, ist es oftmals die beste Lösung, sie gleich fertig zu kaufen, vor allem, wenn man nicht so viel Platz für die Anzucht hat. Jungpflanzen erhält man in klassischen Gärtnereien, Haushaltswarenläden und Pflanzenmärkten, kann sie aber auch übers Internet beziehen.

Oben: **Alles startklar. Mit Jungpflanzen ist der Gemüseanbau denkbar einfach.** Gegenüber: **Ausdünnen von Rote-Bete-Sämlingen. Die ausgedünnten Pflänzchen braucht man nicht wegzuwerfen, denn die jungen Blätter schmecken köstlich.**

Der richtige Zeitpunkt zum Auspflanzen

Alle empfindlichen Pflanzen, einschließlich aller Sämlinge, dürfen erst nach dem letzten Frost ausgepflanzt werden. Falls das Wetter nach dem Auspflanzen doch noch schlechter wird, die Beete über Nacht mit Vlies, Zeitungspapier oder gar Zweigen abdecken. Eine gesunde Pflanze hält das aus. Die meisten Wetterseiten im Internet haben sich inzwischen auf ihr gärtnerndes Publikum eingestellt und halten Frostwarnungen und sogar Hinweise auf die beste Pflanzzeit bereit – einfach „Gartenwetter" googeln.

Ausdünnen

Pflanzen brauchen Platz und müssen unbedingt ausgedünnt werden. Man braucht sich nur vorzustellen, wie es wäre, wenn man eine Schulklasse bitten würde, sich Schulter an Schulter aufzustellen und die Arme an den Seiten nach oben zu strecken. Die Kinder würden sich dabei gegenseitig Backpfeifen verpassen. Würde man jedes zweite Kind aus der Reihe entfernen, hätten sie mehr Platz, und würde man die Reihe auf jedes dritte Kind ausdünnen, dann könnten sie regelrechte Luftsprünge machen. So funktioniert das mit dem Ausdünnen. Es mag zwar verschwenderisch anmuten, die winzig kleinen Sämlinge einfach wegzuwerfen, aber wenn man dies nicht macht, wird am Ende keine der Pflanzen richtig heranwachsen. Auf jeder Samentüte ist vermerkt, auf welchen Abstand die Pflanzen ausgedünnt werden müssen. Man kann den Abstand auch grob schätzen, indem man sich vorstellt, wie groß das Gemüse ist, wenn man es ernten will, und an beiden Seiten noch etwa 10 cm zugibt. Je mehr Platz man ihm schenkt, desto größer wird das Gemüse, das gilt vor allem für Wurzelgemüse, wie Möhren und Pastinaken.

Die beste Zeit zum Ausdünnen ist gekommen, wenn die Sämlinge so groß geworden sind, dass man sie zu fassen bekommt. Der Trick besteht darin, nicht alle auf einmal auszudünnen. Wenn auf der Samentüte etwas von 30 cm Abstand steht, sollte man die Pflanzen in einer Woche nur auf 5 cm Abstand ausdünnen, in der zweiten Woche auf 10 cm usw. Wer die ausgedünnten Pflanzen zum Verzehr erntet, kann die jungen Blättchen mit der Schere einfach auf Bodenhöhe abschneiden. Die Wurzeln sterben ab, und man muss keine Ewigkeit damit verbringen, die winzigen Sämlinge von Erde zu befreien.

Auspflanzen: Jetzt geht's ins Freie

Auspflanzen geht erfreulich einfach. Man braucht etwas zum Graben, etwas Nützliches, das man unten ins Pflanzloch füllt, und etwas zum Gießen. Was das Nützliche ist, hängt von den Pflanzen ab. Trockenheitsliebende Pflanzen, wie Kakteen, Sukkulenten und Lavendel, freuen sich über etwas feinen Kies, der zu einer besseren Entwässerung beiträgt. Rosen und Clematis sind dankbar für nährstoffreiches feuchtes Material, wie halbverrotteten Kompost, und Sämlinge hätten gern Wurmhumus. Gut verrottetes organisches Material, also Kompost, gehört in die Löcher aller mehrjährigen Pflanzen. Dort versorgt er die Wurzeln mit Nährstoffen und verbessert die Bodenbedingungen. Für das Pflanzloch sollte man Zeit einplanen, um die richtigen Bedingungen zu schaffen: gute Entwässerung, Nährstoffe und Feuchtigkeit.

Wasser ist das Allerwichtigste. Wer das vergisst, treibt seine Pflanzen geradewegs ins Verderben. Bei anhaltender trockener Witterung und magerem Boden muss das Loch vor dem Bepflanzen gewässert werden. Man füllt das Loch bis zum Rand mit Wasser – nach ungefähr zehn Minuten ist das Wasser versickert und das Loch in perfektem Zustand, um bepflanzt zu werden.

Bei Pflanzen, die zu lange in ihren Töpfen gesessen haben, sind die Wurzeln dicht miteinander verwoben oder haben sich, wie das in runden Behältern der Fall ist, spiralförmig umeinander gewickelt. Diese muss man erst einmal auseinanderzupfen, da sie sich sonst immer weiter umeinander winden und man die Pflanze nach etwa einem Jahr schließlich tot vorfindet – die Wurzeln sind nie in das Erdreich vorgedrungen. Das kommt daher, dass die Erde, in der die Pflanze herangewachsen ist, weich und locker war, der Gartenboden aber nicht. Hier muss man schonungslos sein, um Gutes zu tun. Ich bearbeite den Wurzelballen immer großzügig mit der Baumschere. Bei jungen Pflanzen bin ich behutsamer und schneide nur den unteren Zentimeter ab. Dort, wo man die Wurzeln abgeschnitten hat,

bilden sich neue Wurzelhaare, sodass sich die Wurzeln immer wieder neu verzweigen.

Es ist wichtig, die Pflanzen tief genug in die Erde zu setzen. Um auf Nummer sicher zu gehen, sollte man die meisten Blütenpflanzen etwa 5 cm tiefer einpflanzen, als der Erdballen, in dem man sie bekommen hat, groß ist. Dadurch werden sie buschiger und stämmiger. Bei Sämlingen dürfen die unteren Blätter nicht auf dem Boden aufliegen, weil sie bei Nässe sonst faulen.

Doch Ausnahmen bestätigen die Regel. Ein Baum oder Busch darf nur so tief eingepflanzt werden, wie er auch vorher im Topf in der Erde gestanden hat. Sie mögen es nämlich nicht, wenn ihre Rinde eingegraben ist. Dort entsteht Fäulnis, welche die ganze Pflanze langsam abtötet. Daher sollte dieser Bereich nie mit Mulch abgedeckt sein.

Bäume und große Büsche pflanzen

Das Pflanzloch für einen Baum muss wesentlich größer sein als der Topf, in dem man ihn bekommen hat. Die besten Pflanzlöcher sind quadratisch, weil die Wurzeln darin an den Ecken anstoßen und dadurch in eine andere Richtung gedrängt werden. Bei runden Töpfen und runden Pflanzlöchern passiert es, dass sich die Wurzeln umeinander winden und der Baum beim ersten großen Sturm umkippt. Da der Boden des Pflanzlochs gut entwässert sein sollte, kann bei schweren Böden die Zugabe von feinem Kies erforderlich sein. Auf Stallmist oder gehaltvollen Kompost sollte man allerdings verzichten, weil sich die Wurzeln so sehr darin wohlfühlen, dass sie keine Lust haben, in das angrenzende Erdreich vorzudringen. Außerdem fängt Stallmist in tonhaltigem Boden an zu faulen und erzeugt somit anaerobe Bedingungen, unter denen die Wurzeln absterben. Stattdessen kann man einen Langzeitdünger, wie granulierten Hühnerdung, verwenden. Ich selbst beziehe am liebsten einen Dünger mit Mykorrhizapilzen über das Internet. Billig ist er nicht gerade, aber ich finde ihn am besten.

Für die schönsten
Pflanzmuster braucht
man nur Mutter Natur
nachzuahmen. Hier
werden die
Fingerhutpflanzen
(*Digitalis viridiflora*)
vor dem Einpflanzen so
angeordnet, wie sie
auch in der Natur zu
finden wären.

Mykorrhizapilze wachsen in den Baumwurzeln und produzieren Enzyme, die den Baum mit Phosphor und anderen Nährstoffen versorgen. Die Pilze bilden ein feines Geflecht aus langen Zellfäden, den sogenannten Hyphen, welche sich auf die Wurzeln ausbreiten. Aus einer einzigen Wurzel können sich bis zu drei Meter lange Hyphen bilden, die es den Baumwurzeln ermöglichen, weit in den Boden vorzudringen. Das halte ich für sehr wichtig, denn anstatt nur den Wurzelballen mit konzentrierten Nährstoffen zu versorgen, regt man ihn auf diese Weise dazu an, ein ausgedehntes Wurzelsystem zu entwickeln und somit für sich selbst zu sorgen. Langzeitdünger sind irgendwann aufgebraucht, und es lässt sich nur schwer abschätzen, wann dies der Fall ist, und noch schwerer lässt sich feststellen, wie es den Wurzeln geht. Mykorrhizapilze dagegen machen den Baum unabhängiger.

Das Loch sollte vor dem Einpflanzen mindestens einmal bis zum Rand mit Wasser gefüllt werden, und ein weiteres Mal, nachdem sich der Baum eingewöhnt hat. Im ersten Jahr nach dem Einpflanzen muss ein Baum regelmäßig gegossen werden. Im Sommer bedeutet das alle zwei Wochen. Zum Schluss muss der Baum mit einem Pfahl gestützt werden.

Wem das zu viel Aufwand ist, der kann Eicheln, Kastanien oder Haselnüsse auch direkt im Boden aussäen oder frei wachsende Sämlinge einpflanzen und die Natur den Rest erledigen lassen, und zwar ohne Stütze und ohne Gießen – frei wachsende Bäume schaffen es von ganz alleine.

Pflanzenstützen

Frisch eingepflanzte Gewächse brauchen eine Stütze. Das gilt für große Gewächse mit weichen Trieben, wie Rittersporn und natürlich Kletterpflanzen. Ein junges Wurzelsystem ist noch nicht stark genug, um der Pflanze bei heftigem Wind den nötigen Halt zu geben. Allerdings können die Pflanzen ruhig ein wenig hin und her schaukeln, denn dadurch werden die Wurzeln dazu angeregt, sich fester im Boden zu verankern. Auch Sämlinge werden kräftiger, wenn man mit der Hand behutsam über sie hinwegstreicht.

Stützpfähle sind in den meisten Gartencentern recht günstig zu bekommen. Man kann sich aber auch eine einfache Holzlatte (50 x 50 mm) kaufen und auf die entsprechende Länge zurechtsägen. Die Länge des Pfahls muss einem Drittel der Höhe des Baums entsprechen. Dadurch kann sich der Baum im Wind wiegen und bekommt somit einen dicken und kräftigen Stamm. Der Pfahl sollte im 45-Grad-Winkel im Boden stecken.

Es ist darauf zu achten, dass sich die Schnur, mit welcher der Baum an den Pfahl gebunden wird, ausdehnen kann – entweder man verwendet ein dehnbares Material oder lockert die Schnur um den heranwachsenden Baum regelmäßig. Für junge Bäume und Sträucher hat sich eine alte Nylonstrumpfhose bewährt. Für Mehrjährige, Tomaten

Gegenüber: **Pflanzlöcher für Sträucher und Bäume dürfen nur so tief sein, dass der Wurzelballen geradeso hineinpasst. Die Wurzeln vorsichtig auseinanderzupfen. Das Loch mit Erde auffüllen und gießen.** Rechts: **Den Strick fest um den Pfahl und locker um den Stamm binden.**

und Kletterpflanzen gilt: „Fest um den Pfahl, locker um die Pflanze". Die Schlaufe wird beim Anbinden so gelegt, dass sie sich zwischen Stamm und Pfahl kreuzt. So kann die Pflanze wachsen und sich bewegen, ohne dass die Schnur reibt.

Bambusrohre sind als Stützen am weitesten verbreitet. Es gibt aber auch viele andere Materialien, die hierzulande wachsen. Hartriegel (*Cornus*), Weide (*Salix*) und Hasel (*Corylus*) sind die besten Kandidaten. Die Pfähle werden im Winter geerntet und bis zum Sommer an einem trockenen Ort gelagert. Weide wurzelt aus, sobald sie den Boden berührt. Das lässt sich verhindern, indem man das Pfahlende mit Klebeband versiegelt. Rundstäbe aus Stahl findet man oft in Müllcontainern. Die Stäbe mit 6–8 mm Durchmesser lassen sich leicht zu Schlaufen für Kletterpflanzen biegen. Bei Stäben, die sich nicht so leicht verformen lassen, nimmt man einen Laternenpfahl oder Baumstamm zu Hilfe, indem man den Stab mittig darumlegt und die Enden zusammendrückt, sodass ein „U" entsteht.

Gießen

Wasser ist für eine Pflanze lebensnotwendig. Die meisten Leute wissen zwar, dass man Gewächse nach dem Einpflanzen angießen muss, aber leider glauben viele, dass die Natur dann den Rest erledigt. Dass das nicht funktioniert, lässt sich leicht erklären. Die meisten Pflanzen werden in einer Gärtnerei herangezogen, wo sie jede Woche, wenn nicht sogar jeden Tag gegossen werden. Danach kommen sie in ein Gartencenter, wo sie jeden Tag gegossen werden, und schließlich gelangen sie zu uns. Hier werden sie von einem Drink pro Tag schlagartig auf Entzug gesetzt, weil wir sie in den Boden gepflanzt, ihnen einen letzten Schluck gegönnt und danach darauf gehofft haben, dass der Regen sein Übriges dazu tut. Um sich eingewöhnen zu können brauchen diese Pflanzen in den warmen Monaten mindestens einmal pro Woche einen ordentlichen Schluck Wasser.

Tipps zum Gießen

_1._ Alle Gewächse nach dem Einpflanzen kräftig angießen.

_2._ Bei heißer Witterung brauchen Topfpflanzen täglich Wasserzufuhr.

_3._ Vor dem Bepflanzen sehr trockener Böden das Pflanzloch zweimal mit Wasser füllen und vollsaugen lassen. Nach dem Bepflanzen erneut gießen.

_4._ Um neu eingesetzte Pflanzen einen Graben aus Erde anlegen, damit das Gießwasser direkt zu den Wurzeln gelangt.

_5._ Bei Töpfen und Kübeln immer so viel gießen, bis das Wasser zum Rand steigt.

_6._ Mit einer Bratensaftspritze das überschüssige Wasser aus den Untersetzern von Zimmerpflanzen absaugen.

_7._ Pflanzen lieben erwärmtes Wasser. Die gefüllten Gießkannen daher in die Sonne stellen.

_8._ Optimal ist eine Regentonne. Auf Flohmärkten, im Internet und im Sperrmüll findet man auch Lebensmittelfässer, alte Wasserspeicherbehälter oder Bierfässer. Man sollte jedoch wissen, was vorher drin war und das Fass erst gründlich reinigen, ehe man Regenwasser darin sammelt. Zapfhähne und Pumpen bekommt man im Internet oder bei Händlern, die Bierzapfanlagen verkaufen.

_9._ In Regentonnen ohne Abdeckung eine kleine Tasse Pflanzenöl in das Wasser gießen. Das schadet den Pflanzen nicht, erstickt aber lästige Mückenlarven.

_10._ Wer am Wochenende verreist, sollte dafür sorgen, dass sich die Zimmerpflanzen alleine mit Wasser versorgen können. Dazu sticht man ein paar Löcher in den Deckel einer alten Plastikflasche, schneidet den Boden heraus, füllt die Flasche mit Wasser und steckt sie mit dem Hals nach unten in die Erde. Das Wasser tropft nun langsam in den Topf.

Gegenüber:

Wasser gratis. Wer Regenwasser sammelt, spart Geld und schont die Umwelt. Die Regentonne sollte am besten im zeitigen Frühjahr aufgestellt werden, damit sich bis zum Sommer genug Wasser darin angesammelt hat.

Pflanzen richtig füttern

Alle Pflanzen sind zum Wachsen auf bestimmte Elemente angewiesen. Kohlenstoff, Sauerstoff und Wasserstoff sind die wichtigsten, weil sie für die Photosynthese benötigt werden. Weitere wichtige Elemente sind N (Stickstoff), P (Phosphor) und K (Kalium). Diese sind sehr wichtig, weil sie in größeren Mengen benötigt werden als die übrigen Stoffe, und weil sie für die Pflanze stets verfügbar sein müssen. Die meisten im Handel erhältlichen Universaldünger bestehen aus jeweils verschiedenen Zusammensetzungen dieser drei Elemente (NPK-Dünger).

Ein gesunder Boden enthält diese und viele andere Elemente bereits von Natur aus. In mageren, verdichteten Böden sind einige dieser Stoffe jedoch gar nicht oder nur in geringem Maß vorhanden oder auf irgendeine Weise eingeschlossen und somit unerreichbar. Ich glaube, dass ich selbst auf dem Sterbebett noch die Vorzüge von Komposterde herunterbeten werde: Das Beste für den Boden ist selbst gemachter Kompost! Organisches Material – Kompost – ist das Manna für den Boden. Es ist ein ausgezeichneter Stickstofflieferant, es steigert die Mikrobentätigkeit im Boden und hält somit die Krankheitserreger in Schach, und es verstärkt die Wurmtätigkeit, durch die der Boden aufgelockert und belüftet wird. Und wo es Luft und Feuchtigkeit gibt, da gibt es auch Nährstoffe.

Ein Boden, der ausgemergelt und erschöpft ist, oder Pflanzen, die hungrig auf Nährstoffe sind, brauchen erst einmal frischen Kompost. Die Faustregel lautet: Ein Eimer selbst gemachter Kompost pro Quadratmeter Boden. Für Topfpflanzen ist Kompost genauso wichtig: Dazu wird eine Schicht Kompost auf der Erdoberfläche aufgebracht. Irgendwann ist es jedoch soweit, dass man andere Düngemittel benötigt – weil der eigene Kompost noch nicht fertig ist oder wenn man seine Pflanzen in Kübeln anbaut. Für ein kräftiges Wachstum müssen Topfpflanzen oder ertragreiche Nutzpflanzen, wie Tomaten, im Sommer alle zwei Wochen mit einem Flüssigdünger versorgt werden.

Kleine Nährstofflehre

N Stickstoff sorgt für kräftige grüne Blätter. Zu viel hemmt die Bildung von Blüten und Früchten, zu wenig mindert den Ertrag und lässt Blätter gelb werden.

P Phosphor ist wichtig für die Ausbildung von Blüten und Früchten. Mangel zeigt sich an violett verfärbten Trieben und Blättern, kümmerlichem Wuchs und geringer Blüten- und Fruchtbildung. Phosphor in Wurzelnähe zuführen.

K Kalium ist für die Zellteilung in den Wurzeln notwendig. Es erhöht zudem die Trockenheitstoleranz und Frosthärte, steigert Geschmack und Farbe von Obst und Gemüse. Bei Kaliummangel sinken die Erträge, Blätter bekommen Sprenkel, rollen sich ein oder sehen wie versengt aus.

Ein weiteres gutes organisches Produkt für den Biogarten ist Algendünger. Dieser liefert organisches Material, ist reich an Stickstoff und enthält zahlreiche andere Nährstoffe. Wer irgendwo frische Algen auftreibt, kann diese kompostieren oder etwas austrocknen lassen und als Mulchmaterial verwenden. Es sollten nur Algen verwendet werden, die lose an den Strand gespült worden sind! Man kann aber einfach flüssigen Algendünger kaufen und dem Gießwasser zusetzen. Algendünger ist ein Elixier für gutes und gesundes Pflanzenwachstum und sollte am besten als Ergänzung eingesetzt werden, ungefähr so, wie wir ein paar Vitamine extra nehmen, wenn wir uns eine Erkältung eingefangen haben.

Granulierter Hühnerdung ist ein guter Langzeitdünger und vor allem für Topfpflanzen geeignet. Er wird am besten zu Saisonbeginn unter die Topferde gemischt. Das Granulat ist konzentriert und kein Ersatz für organisches Material, daher sollte man zur Bodenverbesserung Kompost verwenden.

Brennnessel- oder Beinwelljauche

Manche Pflanzen stecken so voller Energie und Nährstoffe, dass man damit auch andere ernähren kann.

Beinwell ist eine frostharte mehrjährige krautige Pflanze, die in ganz Europa verbreitet ist. Ihre Blätter sind reich an Kalium, einem für die Zellteilung wichtigen Nährstoff, und enthalten außerdem viel Stickstoff und Phosphat. Aus drei verschiedenen Beinwell-Arten lassen sich gute Universaldünger herstellen. Die Blätter der verbreiteten Wildarten *Symphytum officinale* und *Symphytum asperum* eignen sich zum Kompostieren sowie zur Herstellung von Jauche. 'Bocking 14' ist eine Sorte des Futter-Beinwells (*Symphytum* x *uplandicum*), die speziell als organischer Dünger gezüchtet wurde. Sie bildet keine Blüten aus, sondern verwendet ihre gesamte Energie darauf, Blätter zu bilden, aus denen sich eine ausgezeichnete Jauche herstellen lässt. Beinwell kann auch für den Kompost verwendet werden, wo er als Aktivator den Rotteprozess beschleunigt.

Beinwell-Ernte. Bei wild wachsenden Pflanzen sollte man erst den Landeigentümer um Erlaubnis fragen und die Pflanzen nicht gleich bis auf die nackten Stiele abernten.

Symphytum officinale und *Symphytum asperum* vermehren sich beide durch Selbstaussaat. Wer jemanden kennt, der so eine Pflanze hat, kann um ein abgeteiltes Stück bitten oder um ein paar Samen für die Aussaat im Herbst. 'Bocking 14' hingegen ist infertil, sodass man Wurzelschnittlinge nehmen muss.

Beinwelljauche

Bei jungen Pflanzen erntet man nur die Hälfte der Blätter und wirft sämtliche Blütenstängel auf den Kompost. Ansonsten werden die Blätter bis zum Boden abgeschnitten. Etablierte Pflanzen können bis zu viermal pro Jahr abgeerntet werden. Zum Herstellen der Jauche werden so viele frische oder welke Blätter wie möglich in einen dicht verschließbaren Behälter gestopft, den man anschließend mit Wasser füllt. Der Deckel des Behälters wird mit Ziegelsteinen beschwert, und nach etwa zehn Tagen fängt der Inhalt an zu gären. Das erkennt man daran, dass man sich kaum in die Nähe des Behälters wagen kann, weil verrottender Beinwell ziemlich übel riecht. Deshalb ist es wichtig, dass der Deckel gut schließt. Ich finde den Geruch inzwischen gar nicht mehr so schlimm, weil ich weiß, dass das, was meine Nase am meisten beleidigt, für die Pflanzen eine wahre Wohltat ist. Ich bereite meine Beinwelljauche nicht streng nach Rezept zu, und ich verdünne sie auch nicht. Beinwelljauche nehme ich nie für Zimmerpflanzen, weil der Geruch in der Wohnung einfach zu stark ist.

Aus Brennnesseln lässt sich ebenfalls eine gute Jauche herstellen. Die jungen Blätter im Frühjahr ergeben das kräftigste Gebräu. Genauso wie beim Beinwell fängt auch Brennnesseljauche an zu stinken, wenn sie fertig vergoren ist.

Rechts: Blätter in großen Mengen zerkleinern und Wasser dazugeben. Ohne Lichteinwirkung läuft der Zersetzungsprozess schneller ab, braucht aber trotzdem mindestens zwei Wochen. Das Gebräu abseihen und die Pflanzen während der Wachstumsperiode alle vierzehn Tage damit gießen.

Schnitt & Vermehrung

Für den Pflanzenschnitt braucht man im Grunde nur drei Dinge: Übung, Zeit und eine gute Anleitung. Die nötigen Kenntnisse und Fertigkeiten erlangt man erst durch praktische Erfahrung. Genauso ist es auch mit den verschiedenen Methoden zur Vermehrung von Pflanzen. Wenn man sich erst einmal das Grundwissen angeeignet hat, kann man aus der einen Pflanze, die man sich im Gartencenter geleistet hat, gleich sieben machen, oder man kann sich von Pflanzen, die bei Freunden wachsen, Stecklinge nehmen, und ehe man es sich versieht, hat man den Garten voller wunderbarer Gewächse.

Pflanzenfriseur mit Geduld

Pflanzen schneidet man aus drei Gründen: nämlich um kranke oder abgestorbene Pflanzenteile zu entfernen, um die Größe und Form einer Pflanze zu beeinflussen und um die Blüten- und Fruchtbildung anzuregen. Zunächst schneidet man alle abgestorbenen, beschädigten bzw. kranken Pflanzenteile ab. Danach entfernt man alle sich gegenseitig behindernden Zweige, damit diese nicht aneinander reiben und somit Schwachstellen bekommen, an denen Krankheiten und Schädlinge eindringen können.

Pflanzen, die für ihren Standort zu groß geworden sind, sind der häufigste Grund für den Griff zur Gartenschere. Hier sollte man die Sache jedoch langsam angehen und immer wieder das Ergebnis begutachten. Das Beschneiden ist der Inbegriff langsamen Gärtnerns. Nur zu leicht lässt man sich dazu hinreißen, weit mehr als nötig abzuschneiden, was gewöhnlich dazu führt, dass die Pflanze in den nächsten Jahren nur kümmerlich wächst. Wer in einem Anfall von Brandrodung kurz davor ist, das arme Ding bis auf einen Zentimeter vor dem Tod zu zersäbeln, sollte am besten die Schere aus der Hand legen und erst einmal eine Tasse Tee trinken.

Pflanzen dürfen in der Regel nicht im Frühjahr beschnitten werden, nachdem sich bereits die jungen Triebe gebildet haben, weil die Pflanze dadurch geschwächt und ihr Wachstum beeinflusst wird. Der Frühherbst ist auch ein schlechter Zeitpunkt, da viele Pflanzen infolge des Schnitts neue Triebe bilden, die später dem Frost zum Opfer fallen.

Schnittmethoden gibt es so viele, wie es Pflanzen gibt. Daher hat es keinen Zweck zu versuchen, die ganzen Techniken in ein paar Schritten zusammenzufassen. Und alles muss man ohnehin nicht wissen. Wer nur einen Sommerfliederstrauch hat, muss nicht wissen, wie man Apfelbäume schneidet. Erst muss man feststellen, was man in seinem Garten zu tun hat, und danach kann man sich die nötigen Informationen besorgen.

Schnell wachsende Sträucher wie Sommerflieder (*Buddleja*) können jedes Jahr zurückgeschnitten werden. Dadurch behält man Form und Größe unter Kontrolle.

Bäume

Alle Bäume und Sträucher bilden Knospen. Die obere Knospe heißt Apikal- oder Gipfelknospe und besitzt die sogenannte Apikaldominanz. Das bedeutet, sie produziert Hormone, die das Wachstum tiefer liegender Knospen unterdrücken und somit verhindern, dass sich zu viele Knospen bilden und einander in die Quere kommen. Man braucht sich nur einmal einen Baum anzuschauen: Der höchste Stamm besitzt die Apikaldominanz und wächst senkrecht voraus. Schneidet man jedoch seine Spitze oder Knospe ab, verlagert sich die Apikaldominanz auf die darunterliegenden Knospen, die sich daraufhin zu Stämmen entwickeln können und wiederum das Wachstum der unter ihnen befindlichen Knospen hemmen. Das kann sich auf seine endgültige Wuchshöhe auswirken. Dies gilt vor allem für Koniferen und Bäume mit aufrechter Wuchsform und einem deutlich erkennbaren Leitstamm. Wer diesen herausschneidet, richtet den Baum buchstäblich zugrunde.

Tipps zum Baumschnitt

Bei großen Ästen, die nicht ohne lange Leiter entfernt werden können, wegen Verletzungsgefahr der eigenen Person lieber einen Baumchirurgen beauftragen.

Nur kleine und leicht erreichbare Äste angehen, für die man keine Kettensäge braucht.

Nie einen ganzen Ast auf einmal absägen. Selbst recht kleine Äste wiegen erstaunlich viel und sind mit einer Hand nur schwer zu halten. Die Äste besser stückweise absägen.

Den Ast zuerst von unten her ansägen. Dadurch wird verhindert, dass die Rinde am Stamm heruntergerissen wird, falls der Ast versehentlich abbricht.

Laubbäume sollten nur in unbelaubtem Zustand geschnitten werden.

Sträucher

Das Entfernen der oberen Knospe hat bei Sträuchern nur selten verheerende Folgen, sondern führt vielmehr zu einem wünschenswerten buschigen Wuchs. Allerdings kommt es hier darauf an, wo man schneidet. Einen Ast, der entfernt werden muss, weil er im Weg ist, sollte man nicht einfach auf die Hälfte kürzen. Dadurch stört er zwar vorerst nicht mehr, bildet aber rasch Seitentriebe aus, die einem schon bald darauf wieder in die Quere kommen. Stattdessen sollte er direkt über dem Boden abgeschnitten werden, und zwar möglichst im zeitigen Frühjahr. Genauso verfährt man mit Hartriegel (*Cornus*), Weide (*Salix*) und Hasel (*Corylus*). Außerdem ist das die beste Schnittmethode zur Anregung des Blattwachstums. Trompetenbaum (*Catalpa bignonioides*), Eukalyptus, Perückenstrauch (*Cotinus coggygria* 'Royal Purple'), Winter-Linde (*Tilia cordata*) und Blauglockenbaum (*Paulownia tomentosa*) sprechen allesamt gut darauf an, wenn man sie bis auf zwei bis drei Knospen über dem Boden zurückschneidet.

Die meisten Schnittreste können direkt auf den Kompost wandern, manche sind aber auch anderweitig verwendbar. Aus den farbenfrohen biegbaren Ästen von Hartriegel, Hasel und Weide lassen sich einfache Zäune oder Spaliere für Kletterpflanzen, wie Duft-Wicken (*Lathyrus odoratus*) oder Bohnen, bauen.

Mehrjährige

Mehrjährige Pflanzen befinden sich im Winter in einer Ruhephase, in der sie ihre gesamte Energie in die Wurzeln stecken, um im Frühjahr wieder neu auszutreiben. Im Spätwinter sollte man sie zurückschneiden. Da in den abgestorbenen Trieben viele nützliche Insekten überwintern, eventuell ein paar Pflanzen bis zum Frühjahr stehen lassen. Die verholzten Triebe werden bis zum Boden abgeschnitten, damit die Pflanzen neu austreiben können. Falls sich bereits junge Triebe gebildet haben, diese nicht beschädigen.

Anstatt die abge-
schnittenen Äste und
Zweige zu kom-
postieren, kann man
daraus auch Zäune
oder Kletterhilfen für
Pflanzen bauen. Hier
habe ich Hartriegel
und Weide verwendet.
Wer die Äste nicht
sofort verarbeiten
kann, sollte sie in
einem Eimer mit
Wasser aufbewahren,
damit das Holz biegbar
bleibt.

Oben: **Sträucher wie Hasel, Sommerflieder und Weide werden bis auf eine oder zwei Knospen über dem Boden zurückgeschnitten.** Rechts oben: **Der Schnitt sollte immer schräg verlaufen, damit das Regenwasser abfließen kann.** Rechts: **Hier wurde der Schnitt zu weit von der Knospe weg angesetzt, wodurch ein unansehnlicher toter Rest stehengeblieben ist.** Ganz rechts: **Beschädigtes Material abschneiden.**

Mehrjährige sind bereit für den Rückschnitt, wenn sie nur noch alte braune Triebe und Blüten haben.

Ein Rückschnitt verhilft auch vielen Mehrjährigen in der zweiten Saisonhälfte zu erneuter Blüte. Eine Pflanze ist für einen zweiten Blütenflor gerüstet, wenn ihre Stängel lang, dünn und schäbig geworden sind und sich von unten her wieder viele frische Triebe bilden. Jetzt alle alten Stängel abschneiden.

Bambus

Bambuspflanzen, die es sich an ihrem Standort allzu gemütlich gemacht haben, lassen sich mit einer Putzaktion im Spätsommer oder im zeitigen Frühjahr wieder unter Kontrolle bringen. Die überwucherten Büschel werden ausgedünnt, indem man alle alten Halme am Boden abschneidet und nur die jungen und gesunden stehen lässt. Das abgeschnittene Material kann man als Pflanzenstützen verwenden. Wer einem Bambus zu Leibe rücken will, der für seinen Standort zu groß geworden ist, muss sich mit Baumschere, Säge und Spaten bewaffnen und sich vorher noch mit ein paar Schokoriegeln stärken. Man zerteilt den Wurzelballen mit dem Spaten in einzelne Abschnitte, die einen oder zwei gesunde Halme haben sollten. Einen davon pflanzt man wieder ein und die anderen Teile verschenkt man an Freunde, die viel Platz haben – denn wenn sich ein Bambus wohlfühlt, kann er schnell den ganzen Garten einnehmen.

Gräser

Die meisten Ziergräser müssen einmal im Jahr gestutzt werden. Wenn sich die Halme im Spätsommer braun färben, werden sie im Winter bis zum Boden zurückgeschnitten. Sind sie im Herbst immer noch grün, dann erfolgt der Rückschnitt erst im zeitigen Frühjahr. Immergrüne Gräser hingegen müssen nur gut durchgekämmt werden. Dazu fährt man mit einem Rechen kräftig durch den Büschel und entfernt somit alle alten Halme.

Links und unten: Ziergräser einmal im Jahr stutzen, wenn die Halme im Herbst braun sind. Sind sie dann noch grün, bis zum zeitigen Frühjahr warten.

Rechts: Durch
Ausputzen blühen
Pflanzen länger. Wer
Samen gewinnen
möchte, sollte zum
Saisonende hin jedoch
ein paar verwelkte
Blüten stehen lassen.
Gegenüber
oben: Durch
Auskneifen der
Triebspitzen werden
die Pflanzen buschiger.
Unten: Veilchen
ausputzen. Bei
kleineren Pflanzen die
Blütenstängel mit
Daumen und
Zeigefinger
auskneifen.

Pinzieren

Beim Pinzieren geht es darum, die Triebspitzen zu entfernen, damit die Pflanzen schön kompakt und buschig werden. Durch Auskneifen der Leittriebe bilden sich kräftige Seitentriebe aus. Bei Jungpflanzen wird die Spitze abgezwickt, sobald sie fünf bis sechs Blatter bekommen haben.

Ausputzen

Durch Ausputzen werden einige Pflanzen zu verstärkter Blütenbildung angeregt. Je mehr Verblühtes man entfernt, desto mehr neue Blüten entstehen – die Pflanze versucht verzweifelt, ihren Fortbestand zu sichern. Entfernt man die Blüten, kann die Pflanze keine Samen produzieren und versucht es daher immer wieder. Wer jedoch Samen gewinnen will, sollte rechtzeitig mit dem Ausputzen aufhören, damit die Pflanze genügend Zeit hat, um ihre Samen zu bilden.

Einjährige sprechen meist nicht auf Ausputzen an. Bei einigen Beetpflanzen, wie Petunien und Stiefmütterchen, gilt das Ausputzen allerdings als übliche Methode zur Verlängerung der Blütezeit. Während meiner Ausbildung sollte ich mit einer Studie herausfinden, was es ausmacht, wenn eine Pflanze ausgeputzt wird und wenn nicht. Der Unterschied war minimal. Kurz gesagt: Wer gerne ausputzt, kann ruhig so weitermachen, und wer keine Lust dazu hat, lässt es einfach.

Vielen Mehrjährigen und den meisten Rosen hingegen tut ein strenges Regime gut. Während man bei vielen Pflanzen einfach nur verwelkte Blüten und Triebe abschneidet, sollten Rosen am besten bis auf eine gesunde Knospe zurückgeschnitten werden, die daraufhin neu austreibt. Wer Glück hat, bekommt so einen zweiten oder sogar dritten Blütenflor. Einige Rosen, wie die Kartoffel-Rose (*Rosa rugosa*), werden nicht nur wegen ihrer Blüten, sondern auch wegen ihrer herrlichen Hagebutten angepflanzt. Bei ihnen Ende Juni mit dem Ausputzen aufhören, damit sich die Hagebutten herausbilden können.

Pflanzen lenken und leiten

Viele mehrjährige Pflanzen lassen sich durch Beschneiden günstig beeinflussen. Man kann sie zu verlängerter oder erneuter Blüte anregen, die Ausbildung neuer saftiger Triebe fördern, ihre Wuchshöhe verringern, sie der Größe ihres Standortes anpassen und einen Schädlings- und Krankheitsbefall verhindern bzw. eindämmen.

Die Wuchshöhe beeinflussen

An windigen und ungeschützten Standorten, wie Dachgärten oder auf einem Hügel, hat man im Frühjahr und Sommer alle Hände voll zu tun, die Pflanzen ausreichend abzustützen. Dieser Aufwand lässt sich verringern, indem man sommer- und herbstblühende Mehrjährige Anfang bis Mitte Juni vor Beginn ihrer Blütezeit zurückschneidet, um ihre Wuchshöhe unter Kontrolle zu halten. In den meisten Fällen bilden die Pflanzen dadurch mehr, aber dafür kleinere Blüten aus. Das fällt allerdings kaum auf und ist außerdem ein wirklich geringer Preis dafür, dass man sich das ganze Abstützen spart.

Diese Form des Pflanzenschnitts steckt noch in den Kinderschuhen, und es wird in diesem Bereich noch viel geforscht, da die Pflanzen je nach klimatischen Bedingungen, Alter und Vitalität unterschiedlich darauf reagieren. Im Allgemeinen verschiebt sich die Blütezeit durch diesen Eingriff um mindestens zwei Wochen, und je geringer der zeitliche Abstand zwischen dem Rückschnitt und der natürlichen Blütezeit einer Pflanze ist, desto mehr verzögert sich die Blütenbildung. Wer im Sommer für längere Zeit verreist, kann sich dank dieser Maßnahme nach der Rückkehr noch an ein paar Blüten erfreuen. An ein paar robusten mehrjährigen Sommerblühern lässt sich das gut ausprobieren. Die Ballonblume (*Platycodon grandiflorus*) kann leicht umkippen, braucht aber keine Stütze, wenn sie im Juni auf halbe Höhe zurückgeschnitten wird. Mit der Flammenblume (*Phlox maculata* und *Phlox paniculata*)

kann man ähnlich verfahren. Sobald die Pflanze anfängt, ihre Knospen zu bilden, wird sie um die Hälfte gekürzt, wodurch sie buschiger und kompakter wird.

Das gilt auch für viele herbstblühende Kandidaten. Fetthenne (*Sedum*), wie 'Autumn Joy' und andere Sorten, wächst in feuchten Sommern so üppig, dass ihre Triebe zu den Seiten hin regelrecht auseinanderfallen und die unansehnliche holzige Mitte zu sehen ist. Schneidet man ihre Blätter jedoch im Knospenstadium um die Hälfte oder um zwei Drittel zurück, verzögert sich zwar die Blüte, aber dafür muss man die Pflanze nicht abstützen. Sonnenhut (*Rudbeckia*) wird auf fruchtbaren Böden oft so hoch, dass die Triebe schon beim kleinsten Windhauch abknicken. Das lässt sich verhindern, indem man die Pflanze im Knospenstadium – das ist meist Anfang bis Mitte Juni – um zwei Drittel kürzt.

Nach einem feuchten Sommer kippen auch Astern auseinander und entblößen ihre unansehnliche Mitte, sodass ihre hübschen Herbstblüten gar nicht richtig zur Geltung kommen. Damit das nicht passiert, schneide ich sie Ende Mai immer um die Hälfte zurück – bei Arten, die besonders hoch werden, bin ich sogar noch etwas großzügiger.

Totalrückschnitt (Chelsea-Chop)

Wer nichts für experimentellen Rückschnitt übrig hat, kann sich auch dem sogenannten Chelsea-Chop, einer sehr beliebten, erprobten und bewährten Schnittmaßnahme bedienen. Der Name bezieht sich auf den Londoner Stadtteil Chelsea, in dem alljährlich die Chelsea Flower Show, eine renommierte Gartenbauausstellung, stattfindet, nach deren Ende die Aussteller ihre restlichen frühlings- und sommerblühenden Stauden immer zurückschneiden. Die bis dahin unverkauften Pflanzen wurden somit angeregt, rechtzeitig bis zum Sommerschlussverkauf wieder üppig auszutreiben. Bei dieser Maßnahme wird die Pflanze schonungslos bis zur Basis zurückgeschnitten. Gibt man ihr nach

diesem Akt der Grausamkeit viel Liebe, Nahrung und reichlich Wasser, zeigen sich erstaunliche Erfolge.

Geeignete Kandidaten für einen Totalrückschnitt

Viele winterharte Geranien blühen im Mai und Juni. Nach Ende der Blütezeit werden ihre Triebe lang, dünn und unansehnlich. Auf einen kräftigen Rückschnitt bis zur Basis reagieren sie mit üppigem Neuaustrieb und bei günstigen Bedingungen sogar mit einem zweiten Blütenflor. Einige Arten treiben in der Mitte des Büschels neu aus, sodass man die alten nach außen gedrängten Blütenstängel nur noch abzuschneiden braucht.

Die einzigen winterharten Geranien, die ich nicht auf diese Weise zurückschneide, sind die Sorten 'Roxanne' mit herrlichen blauen Blüten im Spätsommer und 'Anne Folkard', die als eine der ersten zu blühen beginnt und, sofern man sie in Ruhe lässt, bis zum ersten Frost durchblüht. Mit ihren kriechenden Trieben eignet sie sich gut zur Unterpflanzung von Rosen und Clematis. Das Kaukasus-Vergissmein-

Links: Den alten Blütenstielen von Geranien kann man Ende Mai mit einem Totalrückschnitt zu Leibe rücken. Rechts: Ein Rückschnitt bis zum Boden beschert uns im Spätsommer viele neue Blätter und Blüten.

nicht (*Brunnera macrophylla*) bringt seine zarten Blüten im Frühjahr hervor. Werden die Pflanzen nach Ende ihrer Blütezeit direkt bis zur Basis abgeschoren, treiben sie neue Blätter und Blüten aus. Auch bei Rittersporn (*Delphinium*) lohnt es sich, die ganze Pflanze nach Ende der Blütezeit schonungslos bis zum Boden zurückzuschneiden. Man muss sich allerdings beeilen, damit sich nicht erst die Samen bilden. Wird die Pflanze jede Woche gedüngt und gegossen (das ist sehr wichtig, denn der Pflanze wird viel abverlangt), bringt sie im Spätsommer einen üppigen zweiten Blütenflor hervor. Man muss allerdings dafür sorgen, dass sich die Schnecken nicht über die jungen Blätter hermachen. Durch einen jährlichen Totalrückschnitt werden die Pflanzen zwar schneller ausgelaugt, bescheren uns aber solange sie durchhalten einen herrlichen Anblick.

Samen sind der billigste Weg, einen Garten zum Blühen zu bringen. Am einfachsten geht es mit farbenfrohen Einjährigen wie Mohn, die sich durch Selbstaussaat überall im Garten ausbreiten.

Die Kunst der Pflanzenvermehrung

Zu lernen, wie man Pflanzen vermehrt, ist die billigste Methode, einen Garten zum Blühen zu bringen. Pflanzen können sich auf zweierlei Weise reproduzieren, nämlich geschlechtlich durch Samen und ungeschlechtlich durch vegetative Vermehrung. Die geschlechtliche Fortpflanzung über Samen bietet ein unendliches Spektrum an genetischer Vielfalt. Dadurch sind die Pflanzen in der Lage, sich ihrer ständig verändernden Umwelt anzupassen. Die ungeschlechtliche Vermehrung hingegen bietet den Pflanzen unter geeigneten Bedingungen die Möglichkeit, sich in einem Gebiet sehr schnell auszubreiten. Viele unserer hartnäckigsten Unkräuter bedienen sich der vegetativen Vermehrung – Quecken, Winden, Tannenwedel und Brennnesseln machen sich allesamt mit Hilfe von winzigen abgebrochenen Wurzelstücken in unseren Gärten breit.

Die vegetative Vermehrung gestaltet sich bei allen Pflanzen anders. Manche vermehren sich über ihre Wurzeln, über Zwiebeln oder Wurzelschösslinge. Andere tun es mit Hilfe von Ausläufertrieben, an denen sich Ableger (oder Kindel) bilden, wie etwa die Grünlilie, die Unmengen von Ausläufertrieben mit Ablegern produziert. Und wieder andere vermehren sich über ihre Blätter. Die Pflanzen sind dazu in der Lage, weil ihre Zellen sehr schnell unterscheiden können, ob sie ein Blatt, eine Wurzel oder ein Stängel werden.

Um zu erfahren, wie sich eine Pflanze vermehrt, lohnt es sich, einen Blick auf ihre Familie zu werfen. Die Familie der Lippenblütler (*Lamiaceae*) ist dadurch gekennzeichnet, dass alle ihre Angehörigen, zu denen auch Rosmarin, Salbei, Lavendel und Minze gehören, vierkantige Stängel haben. Bei diesen Pflanzen wurzeln Triebstecklinge und alle Triebe, die sich in der Nähe von feuchtem Boden befinden, rasch aus. Pflanzen aus der Familie der Dickblattgewächse (*Crassulaceae*), wie Mauerpfeffer und Hauswurz, sind allesamt an ein Leben an unwirtlichen heißen, trockenen und steinigen Standorten angepasst. Viele von ihnen, wie Echeverie oder Fetthenne, vermehren sich über Ableger und Blätter. Wenn man von einer Echeverie ein Blatt entfernt und es in sehr durchlässigen sandigen Boden setzt, dann wurzelt es aus – genauso wie in der Natur.

Vermehrung ganz einfach

Mit etwas Übung ist jeder in der Lage, Pflanzen durch Aussaat, durch Teilung oder über Stecklinge zu vermehren. Man kann im Grunde fast alles aussäen, aber einige Samen brauchen Jahre bis zur Keimung. Einjährige und Zweijährige lassen sich nur durch Aussaat vermehren. Die Lebensspanne von Einjährigen erstreckt sich über eine Saison. Das heißt, dass sie innerhalb eines Jahres keimen, blühen, Samen bilden und absterben. Bei manchen beträgt die Lebensdauer sogar nur ein paar Wochen. Die meisten Gemüsepflanzen, viele Kräuter und Wildblumen sind einjährig.

Zweijährige Pflanzen sind Einjährige mit doppelter Lebenszeit, d.h., sie überdauern zwei Saisons. Im ersten Jahr bilden sie ihre Wurzeln und eine Blattrosette aus, und im zweiten Jahr blühen sie, bringen Samen hervor und sterben ab.

Mehrjährige Pflanzen können viele Jahre überdauern, und die meisten blühen jedes Jahr. Alle Mehrjährigen verbringen den Winter im Tiefschlaf. Eine Pflanze, die innerhalb von zwei Jahren nicht blüht, keine Samen bildet und nicht stirbt, ist mehrjährig. Laubbäume, Nadelbäume, Sträucher und Zwiebelpflanzen sind allesamt Mehrjährige, doch verwendet wird dieser Begriff meist im Zusammenhang mit Stauden. Das sind krautige, nicht verholzende Pflanzen, die ein paar Jahre (kurzlebige Mehrjährige) bis hin zu Jahrzehnten überdauern können. Manche Stauden sind immergrün, aber die meisten werfen ihre Blätter ab und sterben bis zur Basis ab, sodass nur ihre unterirdisch ruhenden Wurzeln, Rhizome, Zwiebeln oder Knollen übrig bleiben und auf die richtigen Bedingungen warten, um wieder austreiben zu können.

Mehrjährige teilen

Teilung ist die einfachste Art zur Vermehrung von Stauden mit Faserwurzeln, wie Geranien und Funkien. Gehölze hingegen können, von wenigen Ausnahmen abgesehen, nicht geteilt werden.

Das Vorgehen ist denkbar einfach: Man gräbt die Pflanze samt Wurzelballen aus und zerteilt sie mit den Händen oder mithilfe eines Spatens. Eine Pflanze kann so in viele Teile zerlegt werden, aber jedes Teilstück muss mindestens eine Knospe oder einen Trieb samt Wurzeln haben. Kleinere Pflanzen kann man einfach auseinanderziehen, indem man die beiden Teile jeweils am unteren Trieb-ende festhält und sie behutsam auseinanderreißt. Auf diese Weise lassen sich auch gut entwickelte Pflanzen vervielfältigen, die man im Laden gekauft hat. Man besorgt sich einfach eine Mehrjährige, teilt sie und lässt die Teilstücke einzeln in Töpfen heranwachsen, bis sie groß genug sind, um ins Freie gepflanzt zu werden.

Eine Pflanze sollte sinnvollerweise erst dann geteilt werden, wenn sie schon ein paar Jahre alt ist, weil die Teilstücke dann bereits eine ordentliche Größe haben. Fast alle Mehrjährigen müssen irgendwann im Laufe ihres Lebens geteilt werden, damit sie weiterhin kräftig wachsen. In der Regel ist das etwa alle fünf Jahre der Fall.

Teilen kann man zu jeder Jahreszeit, außer es ist zu heiß oder man hat anderes zu tun. Deshalb teilen die meisten Leute ihre Pflanzen im Herbst oder Frühjahr, wenn die Pflanzen ruhen und sich der Boden noch bearbeiten lässt. Schwertlilien und frühlingsblühende Pflanzen teilt man am besten im Frühsommer, nachdem sie geblüht haben. Pflanzen, die zu Sommerbeginn und in der Sommermitte blühen, werden im Herbst geteilt, und bei Pflanzen, deren Blütezeit zwischen Spätsommer und Frühherbst liegt, sollte die Teilung im zeitigen Frühjahr erfolgen, bevor der Neuaustrieb einsetzt. Das gilt sowohl für Zimmerpflanzen als auch für Gewächse im Freien.

Bei Pflanzen, die zu echten Monstern herangewachsen sind, wie etwa riesige Geranienbüschel oder Pampasgras, nimmt man einen scharfen Spaten. Damit hackt man die einzelnen Teilstücke heraus, achtet darauf, dass die abgetrennten Stücke mit Knospen, Trieben und Wurzeln versehen sind und entfernt alle ver-holzten Teile. Bei Pampasgras und anderen Pflanzen mit verfilzten Wurzeln sollte man es besser mit einer Säge versuchen. Die auseinandergesägten Teilstücke

Teilung einer Staude. Stauden mit fleischigen Wurzeln, wie diese Taglilie (*Hemerocallis*), lassen sich leicht in Stücke zerlegen. Das sollte man ungefähr alle fünf Jahre machen, damit die Pflanze in guter Verfassung bleibt.

werden an ihre neuen Standorte gepflanzt und mit reichhaltigem Kompost und Wasser versorgt, damit sie einen guten Start in ihr neues Leben bekommen.

Stecklinge

Stecklinge werden meistens von den Trieben einer Pflanze genommen, aber es gibt auch Blatt- und Wurzelstecklinge. Manche Pflanzen sind so wild darauf, Wurzeln zu bilden, dass man sie nur in ein Glas Wasser zu stellen braucht, damit sie loslegen. Das funktioniert vor allem bei Minze, Buntnessel, Brunnenkresse, Bartfaden, Dreimasterblume und sukkulenten Begonien. Man nimmt sich einfach einen Stängel, entfernt die unteren Blätter, schneidet das untere Ende mit einem scharfen Messer sauber ab und stellt ihn in ein Glas mit Wasser. Das Glas muss immer gut gefüllt sein, damit der Stängel richtig im Wasser steht. Nach zwei bis vier Wochen, wenn die ersten Wurzeln zum Vorschein gekommen sind, wird das Pflänzchen in gute Erde gesetzt und braucht in den ersten Wochen viel Wasser, um sich an sein neues Leben zu gewöhnen.

Andere Pflanzen sind da etwas zögerlicher und lassen bis zu vier Monate auf ihre Wurzeln warten. Alle Stecklinge, die im Spätsommer genommen werden, müssen im Winter vor Kälte geschützt werden, am besten in einem Frühbeet. Im Frühjahr werden sie dann ist Freie gepflanzt.

Gehölze

Weichholz-Stecklinge nimmt man von jungen gesunden Trieben, und zwar gewöhnlich vom ersten Neuaustrieb im Frühjahr. Diese Stecklinge bewurzeln zwar schnell, aber da sie viel frisches Grün haben, trocknen sie leicht aus. Weichholz-Stecklinge werden hauptsächlich zur Vermehrung von Laubbäumen, Sträuchern und Kletterpflanzen, wie Clematis und Hortensie, verwendet. Diese bewurzeln nach etwa vier bis sechs Wochen.

Hartholz-Stecklinge nimmt man von Gewächsen wie Weide, Hartriegel und Brombeere im Spätherbst. Dazu verwendet man einjährige, gut gereifte (nicht mehr weiche) Triebe, die auf 20 cm Länge direkt unterhalb des Knotens abgeschnitten werden. Im Herbst genommene Stecklinge haben meist bis zum Frühjahr ihre Wurzeln gebildet.

Kopfstecklinge

Stauden und nicht verholzende Pflanzen werden meist über Stecklinge vermehrt, die von den Triebspitzen der Pflanzen genommen werden. Diese Kopfstecklinge enthalten das Kraftwerk für eine Neuproduktion, nämlich die Triebspitze und die Knospe, wo das Hormon für die Wurzelbildung produziert wird.

Sie sollten 8–13 cm lang sein und werden von gesunden Trieben direkt unterhalb eines Blattpaares – am Knoten – mit einem sauberen, scharfen Messer abgeschnitten. Danach wird am Steckling das untere Blattpaar entfernt, weil sich die natürlichen Wachstumshormone bei allen Pflanzen am Knoten, also direkt unterhalb des Blattansatzes ansammeln. Diese Hormone sorgen für die Ausbildung neuer Wurzeln. Um den Vorgang zu beschleunigen, kann man die Stecklinge in Bewurzelungspulver tauchen.

Ein Steckling sollte höchstens ein bis zwei Blattpaare haben, da die neuen Wurzeln sonst zu viel Kraft brauchen. Die Stecklinge werden in einen Topf (15 cm) oder in Anzuchtplatten mit Anzucht- oder Aussaaterde gesetzt, vorsichtig angedrückt und leicht angegossen. Damit die Feuchtigkeit erhalten bleibt, bedeckt man das Gefäß mit einer Plastiktüte. Bitte darauf achten, dass die Stecklinge nicht mit der Tüte in Berührung kommen und keine direkte Sonne haben. Diese Methode eignet sich für Nelken (*Dianthus*), Bartfaden (*Penstemon*), Glattblatt-Astern (*Aster novi-belgii*) und Salbei (*Salvia*).

Stecklinge, die von den Seitentrieben im unteren Abschnitt einer Pflanze genommen werden, bewurzeln besser als Stecklinge, die von weiter oben stammen. Und dünnere Stecklinge bewurzeln schneller als dicke. Man sollte die Stecklinge am besten früh am Morgen ernten. Wer keine Zeit hat, sie gleich einzutopfen, kann sie zunächst gut verschlossen in einem Gefrierbeutel im Kühlschrank aufbewahren, um sich ihnen später am selben Tag zu widmen.

Trieb- oder Teilstecklinge

Männertreu, Astern, Salbeigewächse und Bartfaden sind derart wurzelfreudig, dass man aus einem Trieb gleich mehrere Stecklinge gewinnen kann. Das obere Ende sollte kurz oberhalb eines Blattpaares und das untere Ende kurz unterhalb eines Blattes abgeschnitten werden. Die einzelnen Teilstecklinge müssen mindestens 5–8 cm lang sein. Die unteren Blätter schneidet man ab, damit das nackte untere Ende des Stecklings eingetopft werden kann. Aus Teilstecklingen entstehende Pflanzen sind meist buschiger und von besserer Qualität.

Blattstecklinge

Es gibt auch Pflanzen, die über ihre Blätter vermehrt werden können. Bei den meisten handelt es sich um Zimmerpflanzen, wie Bogenhanf (*Sansevieria trifasciata*), Usambaraveilchen (*Saintpaulia*) und Königs-Begonien. Blattstecklinge können zu jeder Jahreszeit genommen werden. Die meisten brauchen Temperaturen zwischen 18 und 24 °C und einen Standort ohne pralle Sonne.

Kopfsteckling von Bartfaden *(Penstemon)*. **Die Stecklinge sollten 8–13 cm, also ungefähr daumenlang sein und werden kurz unterhalb eines Blattknotens abgeschnitten. Das untere Blattpaar wird entfernt.**

Pflanzen mit Erfolgsgarantie

Vermehrung durch Ableger – Grünlilien und Erdbeerpflanzen

Man schneidet einen Ableger von einer Grünlilie ab, füllt einen Topf mit torffreier Universalerde, macht ein etwa 2,5 cm tiefes Loch in die Mitte, setzt den Ableger hinein und drückt die Erde an. Falls das Pflänzchen zu locker sitzt, kann man es mit einer Büroklammer feststecken, die man zu einem „U" aufgebogen hat. Danach wird der Topf gegossen und an einen warmen Platz auf die Fensterbank gestellt.

Genauso kann man auch mit Erdbeerpflanzen oder anderen Gewächsen verfahren, die Ableger bilden. Im Gegensatz zu Grünlilien bilden viele Ableger Wurzeln, solange sie noch an der Mutterpflanze wachsen, sodass man sie beim Einpflanzen noch nicht von der Mutterpflanze trennen darf. Erst nachdem sie bewurzelt sind, was meist nach ein paar Wochen der Fall ist, wird der Ausläufertrieb an der Jungpflanze abgeschnitten.

Blattstecklinge – Bogenhanf *(Sansevieria trifasciata)*

Wem die Vermehrung von Grünlilien noch nicht einfach genug ist, kann es ja auch einmal hiermit probieren: Aus einem Blatt vom Bogenhanf werden kleine Stücke geschnitten und in die Erde gesetzt, wo sie bald darauf neu austreiben. Diese nennt man Blattstecklinge.

Man schneidet ein jüngeres ausgewachsenes und gesundes Blatt an der Basis der Mutterpflanze ab und zerteilt es in 5 cm breite Stücke (die Spitze und das untere Stück werden entsorgt). Danach werden die Stücke in eine Saatschale oder in einen flachen Behälter mit guter Pflanzerde gesetzt. Es ist egal, ob sie an den Seiten anstoßen, man kann den Behälter ruhig voll-packen. Die Erde muss feucht gehalten werden, darf aber nicht nass sein, und die Stecklinge werden unbedeckt an einen hellen Standort ohne direktes Licht gestellt. Sie mögen feucht-warmes Klima um die 21 °C – daher ist ein warmes Badezimmer ideal. Wichtig ist nur, dass die Stecklinge richtig herum in der Erde stecken, nämlich in derselben Richtung, in der das Blatt gewachsen ist. Nach sechs bis acht Wochen bilden sich die Wurzeln und die ersten neuen Triebe. Panaschierte Formen des Bogenhanfs – die mit den gelben Rändern – können nur durch Teilung im zeitigen Frühjahr vermehrt werden. Aus Blattstecklingen gezogene Pflanzen werden allesamt grün.

Blattstecklinge
nehmen. Ein jüngeres
erwachsenes Blatt in
Stücke schneiden –
unbedingt die Wuchs-
richtung merken – und
in durchlässige Erde
stecken. Werden die
Stecklinge feucht
gehalten und an einen
sonnigen Standort
gestellt, bekommt man
bald lauter kleine
Babys.

Bartfaden bewurzeln lassen. Unten links: Die unteren Blätter entfernen. Oben links: Zwei Methoden zum Bewurzeln: Wer Erde sparen will, nimmt einfach Wasser. Oben: Diese Stecklinge sind bereit zum Eintopfen.

Kopf- und Triebstecklinge – Bartfaden

Bartfaden (*Penstemon*) ist eine beliebte Gartenpflanze, die fast den ganzen Sommer über üppig blüht. Sie lässt sich gut über Kopfstecklinge vermehren, die sowohl in einem Glas Wasser als auch in Aussaaterde leicht bewurzeln. Zum Bewurzeln in Wasser nimmt man 8–13 cm lange Stecklinge von gesunden Trieben, die nicht zu lang und dünn sind. Die Stecklinge werden kurz unterhalb einer Blattachsel abgeschnitten und von den unteren Blattpaaren befreit, sodass nur der nackte Stiel im Wasser steckt und das obere Blattpaar aus dem Glas herausschaut. Damit die Stecklinge nicht in das Glas fallen, kann man Kletterdraht oder irgendein Drahtgeflecht um die Öffnung wickeln und die Stiele hindurchstecken. Das Glas muss immer mit Wasser gefüllt sein. Nach zwei bis vier Wochen haben die Stecklinge dann gut entwickelte Wurzeln gebildet und werden einzeln in Töpfe (8 cm) gepflanzt und gegossen.

Die Stecklinge können auch in Erde bewurzelt werden. Dazu füllt man einen Topf (15 cm) mit Aussaaterde und macht mit einem Essstäbchen oder einem Bleistift mehrere Löcher am Rand entlang – die Stecklinge haben es zum Bewurzeln gerne ein wenig eng. Die Stecklinge werden in die Löcher gesetzt, vorsichtig festgedrückt und gegossen. Zum Schluss stülpt man eine durchsichtige Plastiktüte über den Topf, und zwar ohne die Pflanzen zu berühren, und wartet ein paar Wochen. Bartfaden lässt sich genauso gut über Trieb- oder Teilstecklinge vermehren, sodass man aus einer einzigen Pflanze viele neue Jungpflanzen gewinnen kann.

Als Triebstecklinge sucht man sich zunächst Abschnitte mit jeweils zwei Blattpaaren. Die Stecklinge werden direkt unter dem unteren Blattpaar abgeschnitten, das danach entfernt wird. Anschließend pflanzt man die Stecklinge in einen Topf (wie oben) und stülpt eine durchsichtige Plastiktüte darüber. Aus solchen Stecklingen gehen oft besonders buschige Pflanzen bester Qualität hervor. Nach zwei bis vier Wochen sind sie bereit zum Umtopfen.

Halbreife Stecklinge – Nelken

Halbreife Stecklinge lassen sich von Nelken (*Dianthus*) am besten Mitte bis Ende des Sommers nehmen. Das funktioniert sogar mit Schnittblumen, sofern sie aus einer Gärtnerei vor Ort stammen und nicht von weiter weg, wo sie andere klimatische Bedingungen gewöhnt sind. Man sucht sich am besten einen blütenlosen Trieb. Falls man keinen findet, tut es auch ein blühender. Diesen hält man am unteren Ende fest und entfernt die Spitze – die lässt sich leicht an einem Knoten abbrechen – sowie die untersten Blätter, sodass der Steckling ungefähr fünf Blätter hat. Nachdem man die Stecklinge in einen Topf mit Aussaat- oder Stecklingserde eingepflanzt hat, zeigt sich nach zwei bis drei Wochen der erste Neuaustrieb – ein sicheres Zeichen dafür, dass die Stecklinge Wurzeln gebildet haben. Halbreife Stecklinge bewurzeln am besten bei etwa 15 °C. Danach können sie einzeln eingetopft und im darauffolgenden Frühjahr ins Freie gepflanzt werden.

Risslinge – Gehölze

Kamelien, *Ceanothus* und viele andere Halbsträucher lassen sich besser vermehren, wenn sich an den Stecklingen noch ein kleines Stück Rinde befindet. Diese sogenannten Risslinge verwendet man auch bei Pflanzen, die nur schwer bewurzeln. Das Stück Rinde stammt von einer Stelle, an der sich von Natur aus die Hormone zur Wurzelbildung sammeln, und ist somit auch genau das Stück, das bewurzelt. Außerdem bietet es Schutz vor Pilzbefall.

Man nimmt am besten einen diesjährigen Seitentrieb mit gesunder grüner Färbung und verholzter Basis, der gesunde Blätter und eine weiche Spitze hat. Er sollte etwa 10 cm lang sein und wird so vom Haupttrieb abgerissen, dass noch ein kleines Stück Rinde daran haftet. Die überstehende Rinde schneidet man mit dem Messer bündig ab. Danach werden die unteren 5 cm von Blättern befreit, damit der Rissling eingetopft werden kann.

Alles im Griff

Wo es Erde gibt, da gibt es auch Unkraut. Wo es Pflanzen gibt, da gibt es auch Schädlinge, und wo es Erde und Pflanzen, Sonne und Regen gibt, da treten wahrscheinlich auch Krankheiten auf. Diese Dinge gehören zwar zum Gärtnern dazu, aber zu viele Unkräuter, Schädlinge und Krankheiten können einem ziemlich zu schaffen machen.

Vorherige Seite: **Mit Kaffeesatz kann man Schnecken und andere Schädlinge vertreiben.** Rechts: **Ampfer und Löwenzahn – Unkräuter suchen jeden Garten heim.** Gegenüber: **Unkrautsuppe – garstige Unkräuter in Wasser gären lassen.**

(Un-) Kräuter

Unkräuter sind ein wichtiger Bestandteil eines jeden Gartens. Man braucht sich nur einmal vorzustellen, wie ärmlich ein Komposthaufen aussehen würde, wenn es sie nicht gäbe. Sie sind ein Zeichen dafür, dass der Boden am Leben ist, und bieten vielen kleinen Geschöpfen einen Lebensraum.

Trotz alledem darf man eines niemals zulassen, nämlich dass das Unkraut die Oberhand gewinnt. Mit manchen wird man zwar nie fertig – bei mir gehört der Gemeine Tannenwedel inzwischen zum Inventar – aber ich habe gelernt, das Beste daraus zu machen. Bei Unkraut unterscheidet man zwischen einjährigen und mehrjährigen Gewächsen. Die Einjährigen sind ziemlich garstig und gemein, aber die Mehrjährigen sind ein echtes Problem. Im Winter verschwinden sie und lassen uns in dem Glauben, sie losgeworden zu sein, nur um mit dem ersten Sonnenstrahl wieder auf der Bildfläche zu erscheinen.

Ungeliebtes Unkraut

Ein Unkraut ist im Grunde eine Pflanze, die dort wächst, wo sie nicht wachsen soll. Bei den meisten Unkräutern handelt es sich eigentlich nur um Wildblumen, die sich ein Plätzchen im Gartenbeet erobert haben. Andere Unkräuter sind Pflanzen, die man sich freiwillig in den Garten geholt hat. Minze, Melde, Immergrün und sogar Nieswurz gewinnen rasch die Oberhand, wenn man ihnen keinen Einhalt gebietet. Das Problem mit den meisten typischen Unkräutern besteht darin, dass sie allesamt sehr hartnäckig sind und sogar unter Bedingungen wachsen, bei denen die meisten Gartenpflanzen längst aufgegeben haben. Diese Beharrlichkeit ist zum Teil darauf zurückzuführen, dass Unkräuter den anderen Pflanzen in ihrer Umgebung Feuchtigkeit, Nährstoffe und Sonnenlicht rauben.

Es gibt viele Unkräuter, die Schädlinge und Krankheiten übertragen, indem sie diesen als Platz zum Überwintern oder als Nahrungs- und Materialquelle dienen. Außerdem lassen Unkräuter einen Garten sehr unordentlich aussehen, denn schließlich hat man ja keinen Einfluss darauf, wo die ungebetenen Gäste auftauchen.

Das Beste draus machen

Das Beste, was man mit Unkraut tun kann, ist, es den anderen Pflanzen zugutekommen zu lassen, indem man es kompostiert. Zunächst einmal muss man die einjährigen Unkräuter von den mehrjährigen unterscheiden können. Da die Mehrjährigen selbst den heißesten Kompost in Form von winzigen Wurzelfragmenten überleben, dürfen sie nicht direkt, nachdem sie aus dem Boden gerissen worden sind, auf den Kompost geworfen werden. Man kann mehrjährige Unkräuter, wie Acker-Winde, Tannenwedel, Ampfer, Disteln, Nesseln und Quecken, in einem zugedeckten Eimer mit Wasser verrotten lassen. Die daraus entstandene schleimige Masse wird dann als nährstoffreiche Kraftsuppe auf den Kompost geschüttet. Im Winter kann es allerdings ein paar Monate dauern, bis sich das Unkraut zersetzt hat.

Wer Unkräuter nicht genau identifizieren kann, sollte immer nur die grünen Pflanzenteile direkt kompostieren

und die Wurzeln und Samen im Eimer verrotten lassen. Das ist besonders wichtig, wenn es im Kompost nicht wärmer als 15 °C wird. Anstatt die einjährigen Unkräuter zu kompostieren, kann man sie im Frühjahr einfach wieder in den Boden eingraben, wo sie als Stickstofflieferanten dienen.

Wer einen Garten übernimmt, der mit den schlimmsten Unkräutern überwuchert ist, dem kann schnell die Lust vergehen. In jedem Gartenbuch wird gepredigt, dass man Unkräuter nur durch Umgraben bekämpfen kann. Und das stimmt auch, zumindest in gewissem Maße.

Wenn man bei Null anfängt und es nichts gibt, das es zu behalten lohnt, ist es durchaus sinnvoll, den Garten von vorn bis hinten umzugraben, denn dadurch schafft man sich eine gute Grundlage und verliert nebenbei auch noch ein paar überflüssige Pfunde. Das kann allerdings ein gewaltiges Unterfangen sein. Für alle, die ihren Garten länger als zwei Jahre nutzen wollen, macht sich eine gründliche Vorbereitung durchaus bezahlt.

Unkraut jäten ohne Umgraben

Wer Umgraben schrecklich findet, kann die ganze Sache auch umgehen und sich stattdessen einen Haufen Pappe und eine ordentliche Fuhre grobes Mulchmaterial besorgen. Das ist zwar keine Sofortlösung, aber allemal besser als ein Unkrautvertilgungsmittel. Wer versucht ist, nach einer Flasche mit Unkraut-Ex zu greifen, sollte sich besser zurückhalten. Solche Chemikalien bieten auch keine Sofortlösung und können weitaus mehr abtöten als nur das Unkraut. Nach dem Einsatz eines Vertilgungsmittels passiert in den nächsten drei Wochen erst einmal gar nichts und danach fängt das Unkraut langsam an, sich gelb zu färben. Allerdings dauert das so lange, dass man glaubt, das Mittel hätte nicht gewirkt. Unkraut-Ex ist sehr wirkungsvoll, aber braucht seine Zeit und ist, entgegen vielen Behauptungen, nicht umweltfreundlich.

Man kann ja stattdessen den Trick mit der Pappe ausprobieren. Dazu braucht man eine Menge Pappe – Fahrradläden sind ein guter Anlaufpunkt, denn da gibt es massenweise große Kartons –, die man über das Unkraut legt. Vorher schneidet man dem Unkraut am besten die Spitzen ab. Die Pappe fungiert hier wie eine Schicht, die das Wachstum des Unkrauts unterdrückt und außerdem verrottet. Zum Schluss wird die Pappe mit einer mindestens 15 cm hohen Mulchschicht abgedeckt. Dazu kann man den eigenen Kompost nehmen (davon hat man aber wahrscheinlich nicht genug), Laubkompost, billigen gekauften Kompost, Rasenschnitt, Tiermist, Stroh, Champignonmist oder eine Mischung aus allem. Das gekaufte Material wird als letzte Schicht aufgebracht. Wichtig ist, dass die Beete schön einheitlich mit der Mulchschicht bedeckt sind – verrottende Pappe ist kein schöner Anblick. Danach braucht man nur noch abzuwarten.

Die Würmer im Boden sind verrückt nach dieser neuen Schicht Nahrung und erledigen die ganze Arbeit für uns. Durch das Mulchmaterial und die Pappe kann kein Licht in den Boden dringen, sodass das Unkraut darunter erstickt. Die Würmer tun brav ihre Arbeit, und wer Geduld hat, wird mit einem unkrautfreien Beet belohnt, das sofort bepflanzt werden kann. Die restlichen Unkräuter, die trotzdem überlebt haben sollten, lassen sich leicht ausreißen. Jetzt hat man ein neues Beet zum Bepflanzen, und das ganz ohne Umgraben. Diese Methode eignet sich für alle Gelegenheiten – man kann damit Gemüsebeete anlegen oder sogar ganze Rasenflächen loswerden. Wenn man sie im Herbst anwendet, kann man Zwiebeln von Hasenglöckchen oder Narzissen unter die Pappe legen und die Natur den Rest erledigen lassen. Wo es viele Eichhörnchen gibt, sollte man die Mulchschicht jedoch besser mit Kaninchendraht abdecken oder die Zwiebeln eingraben.

Es gibt allerdings ein paar wirklich hartnäckige mehrjährige Unkräuter, die man auf diese Weise vielleicht nicht so schnell los wird, oder zumindest nicht beim ersten Versuch. Tannenwedel und Ackerwinde haben Wurzeln mit scheinbar unerschöpflichen Reserven, von denen sie zehren können.

Unkrautbekämpfung durch Mulchen

Wer wirklich hartnäckiges Unkraut im Garten hat, kann einem leidtun, ich meine es aber ernst, wenn ich sage, dass man sich davon nicht unterkriegen lassen darf, sondern den ungebetenen Gästen mit Mulchen, Mulchen und nochmals Mulchen zu Leibe rücken muss. Einmal abgesehen vom Japanischen Staudenknöterich (der ist wirklich schrecklich – da kann man nur Experten zu Hilfe rufen oder ausziehen), lassen sich fast alle schädlichen Unkräuter durch Mulchen in Schach halten. Allerdings muss das regelmäßig und gründlich erfolgen. Je mehr man mulcht, desto mehr organisches Material wird dem Boden zugeführt. Je mehr organisches Material es gibt, desto mehr Schnecken, Würmer und andere hungrige Lebewesen werden angelockt.

Stellen wir uns einmal vor, was mit dem Unkraut passiert, wenn ihm eine 15 cm dicke Mulchschicht auf den Kopf fällt. Auf einmal wird alles ganz finster. Die Pflanzen haben zwar noch ein paar Reserven, um mit dem Lichtmangel fertig zu werden, müssen jedoch ziemlich kämpfen, und einige von ihnen fangen bald darauf an, ein wenig zu verrotten. Dann kommen die Würmer, Schnecken, Milben und mit ihnen Bakterien und Schimmelpilze, die ihnen allesamt heftig zusetzen. Jetzt müssen die Pflanzen um Licht kämpfen und sich auch noch gegen diese Übergriffe wehren, und sobald sie ihre Köpfe wieder aus dem Boden stecken, kippen wir ihnen eine neue Schicht Mulchmaterial obendrauf, sodass sie den Kampf schließlich aufgeben müssen.

Die meisten Unkräuter besiedeln nackten offenen Boden. Oft kommen sie zum Vorschein, wenn man den Boden bearbeitet und die in jedem Boden existierenden Un-

Unten links: Mulchen mit Pappe. Die ausgelegte Pappe mit einer dicken Schicht aus billigem Mulchmaterial oder selbst gemachtem Kompost bedecken.

Oben links: Ich selbst verwende dafür meinen selbst gemachten Kompost, den ich mit billigem Rindenmulch abdecke, damit es schön ordentlich aussieht.

krautsamen freilegt, aber eigentlich werden sie lieber in Ruhe gelassen. Solange man gut bewaffnet in diese Schlacht geht, kann man sie auch gewinnen!

Selbst gemachte Unkrautvertilger und andere Maßnahmen

Obwohl schon seit Generationen selbst gemachte Mittel zur Unkrautvernichtung verwendet werden, ist die eigene Herstellung von Herbiziden und Pestiziden laut geltendem EU-Gesetz verboten. Die folgenden Rezepte sind daher nur für Nicht-EU-Gärtner bestimmt. Der wirkungsvollste Unkrautvernichter ist eine Mischung aus vier Tassen Essig, einer halben Tasse Salz und ein paar Teelöffeln Geschirr- spülmittel. Nachdem sich das Salz aufgelöst hat, wird die Flüssigkeit einfach auf großblättrige Unkräuter wie Ampfer und Giersch aufgesprüht oder aufgetragen. Das Mittel wirkt am besten bei sonnigem Wetter, aber leider ist es auch für alle umliegenden Pflanzen tödlich. Cola eignet sich an sonnigen Tagen erstaunlich gut zum Abtöten von Unkräu- tern, die zwischen Pflastersteinen wachsen. Nicht zu über- treffen ist jedoch der Mensch mit seiner Hacke. Wenn man den einjährigen Pflanzen gleich am frühen Morgen bei trocke- ner Witterung den Kopf abhackt, versengen sie in der Sonne.

Das Unkraut essen

Einst gehörten Unkräuter auf den Speiseplan der Menschen, aber da wir heute so viel Auswahl haben, landen sie nur noch selten auf dem Teller. Sich das Unkraut durch Verzehr zu unterwerfen, ist eine große Genugtuung. Vogelmiere passt gut in den Salat, erinnert mit ihrem frischen grünen Ge- schmack an Winterportulak und kann auch für Suppen verwendet werden. Allerdings braucht man eine ziemlich große Menge davon. Giersch galt bei den Römern einst als Delikatesse, weil er so hartnäckig ist, dass er sogar den Win- ter überdauert. Zubereitet wird er ungefähr so wie Spinat – man erntet nur die jungen Blätter, bis die gesamte Pflanze

aufgebraucht ist. Brennnesseln sind reich an Vitamin C, und aus ihren jungen Blättern lässt sich eine köstliche Frühlings- suppe zubereiten. Junge Löwenzahnblätter helfen ausge- zeichnet bei Verdauungsstörungen. Sie schmecken etwas bitter, passen aber gut zu Salaten. Japanischer Staudenknöte- rich bringt die meisten Gärtner zur Verzweiflung, sodass es eine echte Genugtuung ist, seine Triebe zu sautieren, zu dünsten oder zu kochen. Diese haben einen leicht säuer- lichen Geschmack. Verwendet werden nur junge Triebe ohne Blätter mit 15–20 cm Länge.

Mehrjährige Plagegeister

Tannenwedel	Japanischer Staudenknö- terich ist so invasiv, dass man fast schon in Erwägung ziehen könnte, sich einen neuen Garten zu suchen … Doch Spaß beiseite: Um diesem Plagegeist den Garaus zu machen, muss man ihn von zwei Seiten angreifen. Jedes Mal, wenn ein Trieb zum Vorschein kommt, reißt oder schneidet man ihn samt Wurzeln heraus. Dadurch bringt man das ausgedehnte Wurzelsystem nach mehreren Jahren zur Erschöpfung. Die Triebe und Wurzeln müssen völlig ausgetrocknet sein, bevor man sie entsorgen kann. Keines der Pflanzenteile ins Wassersystem werfen!
Acker-Winde	
Quecke	
Kriechender Hahnenfuß	
Acker-Distel	
Giersch	
Ampfer	
Brombeere	
Sommerflieder	
Adlerfarn	
Gundelrebe	

Unkraut essen. Ja, ich habe mein Unkraut gegessen – einen Salat aus Vogelmiere und Löwenzahn. Das Gute bei Unkräutern ist, dass viele von ihnen auch im Winter wachsen, sodass man sie im Grunde als Wintergemüse betrachten kann.

Schädlinge und Krankheiten

Kaum hat man das Unkraut in den Griff bekommen, da tauchen wieder andere auf, die man nicht in den Garten eingeladen hat. Wo es nackten Boden gibt, gibt es auch Unkraut, und wo es Pflanzen gibt, die man mag (und solche, die man nicht mag), gibt es Schädlinge und andere Dinge, die uns die Freude verderben.

Das klingt zwar hart, ist aber kein Weltuntergang. Schädlinge und Krankheiten sind zwar nichts Angenehmes, haben aber durchaus ihre Daseinsberechtigung, weil sie allesamt Bestandteil des Ökosystems sind, das wir Leben nennen. Nacktschnecken sehen widerlich aus, zerstören unzählige schöne Pflanzen und scheinen dabei noch ganz genau zu wissen, welche davon man am liebsten hat. Allerdings spielen sie auch eine wichtige Rolle bei der Zersetzung von organischem Material. Wenn die Erde so viel organisches Material produziert, wieso versinken wir nicht darin? Das liegt daran, dass es viele kleine Tierchen wie Würmer, Schnecken, Fruchtfliegen, Käfer und andere Lebewesen gibt, die eifrig damit beschäftigt sind, unsere pflanzlichen Abfälle in Erde zu verwandeln. Auch viele Pflanzenkrankheiten tragen dazu bei, dass pflanzliche Bestandteile zersetzt werden und in den Boden zurückgelangen.

Ein Garten ist jedoch eine künstlich geschaffene Umgebung, in der manche Dinge einfach ein wenig zu gut funktionieren. Wir sorgen dafür, dass der Boden gesund und nährstoffreich ist, dass es genügend Wasser gibt und dass alles üppig wächst und gedeiht. Wer würde da nicht einziehen wollen? Das heißt natürlich nicht, dass wir jede Schnecke oder Spinnmilbe mit offenen Armen empfangen sollen. Wer Monate damit verbracht hat, eine Tomatenpflanze heranzuziehen, kann leicht die Beherrschung verlieren, wenn sich plötzlich jemand darüber hermacht. Ich glaube ja, dass den meisten Menschen ein wenig Kampfeslust im Blut liegt, und Käfer sind leichte Beute. Ein „Massenmord" ist in Ordnung, so lange man das Leben anderer damit nicht gefährdet. Also: Finger weg von Pestiziden!

Warum keine Pestizide?

Pestizide unterscheiden nicht zwischen Freund und Feind. Wer sich das Etikett auf einer Pestizidflasche genau durchliest, findet irgendwo in den klein gedruckten Hinweisen, dass es schädlich für Bienen und Wasserlebewesen ist. Das bedeutet, dass dieses Produkt zwar unsere Schädlinge tötet, dass es aber nebenbei auch die guten Tierchen erwischt.

Insekten stehen ganz unten in unserer Ernährungspyramide, und d.h., dass eine große Anzahl von ihnen notwendig ist, um die verhältnismäßig kleine Menge an wild lebenden Tieren anzulocken, die wir so lieben, wie Singvögel oder kleine Säugetiere.

Der ökologische Weg

Wer auf Öko setzt, muss wohl oder übel mit allem auskommen. Um einen Schädling loszuwerden, muss man jedes Tierchen einzeln beseitigen, anstatt alle auf einmal zu vernichten. Viele unerwünschte Insekten, wie etwa Raupen, kann man per Hand ablesen oder zerquetschen. Manche Insekten lassen sich aber auch mit einem Wasserstrahl vertreiben, der allerdings nicht so heftig sein sollte, dass die Blätter dabei Schaden nehmen. Indem man tote oder absterbende Blätter entfernt, man zwischen das Gemüse nektarreiche Blumen für Bestäubungsinsekten pflanzt und alles schön sauber hält, die Wege fegt und die Töpfe reinigt, hat man schon viel getan, um sich Schädlinge und Krankheiten weitestgehend vom Hals zu halten.

Ökologische Methoden haben vor allem mit guter Bewirtschaftung, Vorsorge und einem gesunden Boden zu tun. Als vollwertiges Mitglied dieser Zunft kann ich guten Gewissens bezeugen, dass ein gesunder Boden tatsächlich weniger Probleme bedeutet.

Sichtbare Plagegeister

Biogärtner müssen sich daran gewöhnen, dass ihnen ihre Kumpels, die Nackt- und Gehäuseschnecken, immer wieder auf die Pelle rücken. Diese lieben nämlich fruchtbaren Boden, der reich an organischem Material ist. Von den Nacktschnecken gibt es viele verschiedene Arten. Je kleiner sie sind, desto mehr Schaden richten sie an. Ich sage immer: Schwarz und groß – lästig bloß (die tut man einfach weg oder legt sie auf den Kompost, wo sie noch nützlich sind), doch ist sie braun (oder auch orange, getigert oder gelblich), wird sie totgehau'n.

Von den Gehäuseschnecken haben es alle auf unsere Pflanzen abgesehen. Sie sind bei Raubtieren beliebter als Nacktschnecken, weil sie besser schmecken, und locken dadurch sogar ein paar Vögel an.

Läuse sind in den meisten Gärten eine ziemliche Plage. Blattlaus, Weiße Fliege, Kriebelmücke, Schmierlaus und Wurzellaus sind allesamt kleine saugende Insekten, die die Pflanzen schädigen und Viren übertragen. Da sie ununterbrochen am Fressen sind, um genügend Proteine zu bekommen, scheiden sie ständig eine klebrige Substanz aus, den sogenannten Honigtau, der sich überall auf den Blättern verteilt und schwarze Rußtaupilze und Schädlinge anzieht. Raupen sind die Larven von Motten und Schmetterlingen und tun nichts lieber, als sich von Pflanzen und ganz besonders von Kohlgemüse zu ernähren. Das Gute ist jedoch, dass sie leicht zu entdecken sind.

Bodenschädlinge

Maden, Schnakenlaven und Erdraupen sind ein ekelhafter Anblick. Maden sind weiß, Schnakenlaven sind braun und Erdraupen sind graugrün. Sie sehen allesamt ausgesprochen unappetitlich aus und fressen entweder die Wurzeln oder den Stielansatz der Pflanzen.

Zimmerpflanzenschädlinge

Blattlaus, Weiße Fliege, Gemeine Spinnmilbe, Schildlaus und Schmierlaus sind allesamt Schadinsekten, die es gern warm haben. Blattläuse und Weiße Fliegen sind ziemlich leicht zu entdecken. Spinnmilben dagegen sind winzig, winzig klein. Bei starkem Befall bekommt die Blattoberfläche gelbe Sprenkel und an der Unterseite hängt ein feines Gespinst. Wer genau hinschaut, sieht die winzigen roten Milben herumkrabbeln.

Schildläuse bewegen sich nicht, sind rund und haben die Farbe von hellbraunem Papier. Wenn man die braune Hülle mit dem Fingernagel wegschnipst kommt ein matschiges Insekt zum Vorschein, das ohne seinen schützenden Deckel abstirbt. Ihre nahen Verwandten, die Schmierläuse, sind mit einer weißen pudrigen Schicht überzogen und bewegen sich sehr langsam. Mit Brennspiritus kann man ihnen eins auswischen (keine anerkannte Bio-Methode). Das macht richtig Spaß, denn erst sind sie weiß, dann feuerrot und danach fallen sie ab. Ich weiß, das ist kindisch, aber eine Genugtuung. Wenn man seine Zimmerpflanzen ansonsten ab und zu mit einem Tuch und Seifenlauge reinigt, wird man eine Menge davon los.

Pilzbefall

Schimmel und Mehltau werden von Pilzen verursacht. Echter und Falscher Mehltau sind am häufigsten und lassen sich leicht unterscheiden. Echter Mehltau tritt sowohl an der Ober- und Unterseite der Blätter auf, sodass die Pflanze aussieht, als hätte man sie mit Mehl bestäubt. Falscher Mehltau hat es gern warm und feucht und ist daher vor allem im Frühjahr und Herbst zu finden. Die befallenen Pflanzenteile werden herausgeschnitten, dürfen aber nicht kompostiert werden. Vorbeugen kann man am besten dadurch, dass man resistente Sorten anbaut und auf einen ausreichenden Pflanzenabstand achtet.

Falscher Mehltau entsteht nur an der Blattunterseite, während die Oberseite gelbe Flecken bekommt. Besonders häufig tritt er in Sommern auf, die relativ kühl und sehr feucht sind. Man kann auch hier mit einem ausreichenden Pflanzenabstand vorbeugen. Da Mehltau gern Pflanzen in

Wild lebende Tiere fressen unsere Schädlinge. Mit bestimmten Pflanzen, wie diesen Sonnenblumen (*Helianthus annuus*), lassen sich Vögel und nützliche Insekten, wie Schwebfliegen, anlocken, die auf der Suche nach Samen und Pollen sind. Als Gegenleistung befreien sie uns von Blattläusen.

schattigen Ecken befällt, sollte man für diese Standorte am besten mehltauresistente Pflanzen bzw. Sorten wählen. Goldmelisse (*Monarda*), Erbsen, Salatpflanzen, Weinreben und Rosen sind allesamt sehr mehltauanfällig.

Vorsorge ist besser

Hygiene und Sauberkeit sind eine wichtige Strategie im Kampf gegen Schädlinge und Krankheiten. Pflanzliche Überreste sind der Nährboden vielen Übels, und das übliche Gartengerümpel, wie alte Pflanztöpfe, geben ideale Brutstätten für Schnecken ab. In vielen Unkräutern nisten sich Krankheiten ein oder legen Schädlinge ihre Eier ab. Doch je öfter man Unkraut jätet, desto weniger können sie sich niederlassen.

Auch durch Anbaumethoden lässt sich verhindern, dass Krankheiten und Schädlinge im Garten herumlungern oder sich ansiedeln. Wer sein Gemüse nach dem Prinzip des Fruchtwechsels anbaut, kann Bodenschädlinge, die bestimmte Pflanzenfamilien bevorzugen, aushungern. Unter guten Wachstumsbedingungen haben Pflanzen die besten Chancen. Sämlinge, die bei schlechten Bodenverhältnissen ins Leben starten, sind stark beansprucht und anfällig für Schädlinge und Krankheiten. Daher dürfen Samen niemals in sehr kalten, nassen oder in sehr trockenen Böden ausgebracht werden. Außerdem sollten die Sämlinge frühzeitig ausgedünnt werden, da sich Pilzerkrankungen vor allem dort ausbreiten, wo die Pflanzen zu dicht beieinanderstehen.

Nützliche Beigleitpflanzung

Begleitpflanzung bedeutet, dass man bestimmte Pflanzen zusammen anbaut, die einander nützlich sind. Das Problem ist nämlich, dass Pflanzen in Monokultur oft Ärger bekommen. Setzt man aber bestimmte Blumen und Gemüsepflanzen dazwischen, werden die Schädlinge abgeschreckt. Studentenblumen (*Tagetes patula*), die zwischen Tomaten-

und Paprikapflanzen wachsen, halten Weiße Fliegen fern, da ihre Wurzeln einen Stoff absondern, den die Weiße Fliege nicht mag. Wird Kohlgemüse mit Klee (*Trifolium ssp.*) unterpflanzt, dann macht man es den Schädlingen, die ihre Eier im Boden ablegen wollen, ziemlich schwer, sich ihren Weg durch das Klee-Dickicht zu bahnen. Lauchgewächse sind dafür bekannt, dass sie Blattläuse, Weiße Fliegen und Möhrenfliegen vertreiben. Daher werden Zwiebeln, Knoblauch und Schnittlauch oft als Begleitpflanzen für Möhren, Tomaten, Paprika und Kohlgemüse eingesetzt.

Das Mindeste, was man tun kann, ist, viele nektarreiche Blumen neben dem Gemüsebeet anzupflanzen. Ringelblumen, Sonnenblumen, Fenchel und Thymian versorgen nützliche Insekten mit Nektar und Pollen. Vögel, Schwebfliegen, Marienkäfer, Spinnen, Laufkäfer und Florfliegen haben allesamt großen Appetit auf Schädlinge, vor allem auf Blattläuse. Am besten hält man sich an folgendes Prinzip: Alles, was sich schnell bewegt, ist ein Beutejäger und somit nützlich, während Pflanzenfresser, die wir loshaben wollen, meist ziemliche Trantüten sind. Frösche, Kröten, Enten und Igel halten uns die Schnecken vom Hals, und unter den Wespen gibt es viele Arten, die es als Parasiten auf Schädlinge abgesehen haben.

Es gibt ein paar Chemikalien, die nach Bio-Prinzip erlaubt sind, weil sie ungiftig für den Boden sind, schnell wieder abgebaut werden und nicht gleich alles um sich herum vernichten. Alle biologischen Chemikalien sind Kontaktgifte. Das bedeutet, dass sie nicht ewig herumhängen, aber dafür häufiger eingesetzt werden müssen. Mittel auf der Basis von Seifenlösung werden zum Abtöten von Blattläusen und anderen Sauginsekten verwendet, und Schwefelpulver hilft bei Echtem Mehltau. Versprüht werden sollten die Mittel immer erst abends, wenn nicht mehr so viele nützliche Insekten umherschwirren, und auch keinesfalls in der Nähe von Wasserquellen.

Mit dem Mittel, das ich in meinem Garten verwende, bin ich vollauf zufrieden. Es handelt sich dabei um ein sanftes Seifenspray auf Fettsäurebasis, das die Atemlöcher der Insekten verstopft und besonders gut gegen Blattläuse, Weiße Fliege und Spinnmilbe wirkt. Allerdings muss man es sehr präzise anwenden, weil es auch Nutzinsekten schadet. Mit einer Handsprühflasche kann man ziemlich gut auf den Feind zielen. Stark verdünntes biologisch abbaubares Geschirrspülmittel – höchstens ein paar Spritzer pro Sprühflasche – funktioniert genauso gut. Gesprüht werden sollte allerdings nicht bei praller Sonne, weil die Pflanzen sonst versengen können.

Pyrethrum ist ebenfalls ein Bio-Insektizid, das aus dem Extrakt einer bestimmten Chrysanthemenart hergestellt wird und besonders gut gegen Blattläuse, Weiße Fliegen und Spinnmilben ist. Allerdings wirkt es auch bei Nutzinsekten und darf daher nur gezielt verwendet werden. Viele Bio-Gärtner, ich eingeschlossen, verzichten aus ethischen Gründen auf dieses Mittel, weil seine Herstellung in den Entwicklungsländern nicht gerade eine Erfolgsgeschichte war.

Schneckenkorn, das speziell für Bio-Gärten entwickelt wurde, hat Eisenphosphat als Wirkstoff und ist eine sehr effektive Notlösung für alle, die von Schnecken geradezu bevölkert werden.

Eine Kombination aus Gemüse und Blumen funktioniert wirklich. Links: **Durch Ringelblumen werden Raubinsekten, wie Wespen und Schwebfliegen, in großer Zahl angelockt.** Gegenüber: **Kapuzinerkresse zieht Bestäubungsinsekten an und lockt Kohlweißlinge vom Kohlgemüse weg.**

Rechts: **An diesen Pflanzen haben sich Nacktschnecken vergangen, aber der Kupferring, den ich im Müll gefunden habe, dürfte weitere Angreifer fernhalten.**

Gegenüber: **Bei trockener Witterung ist Sägemehl ein ausgezeichnetes Mittel, um Nacktschnecken zu vertreiben.**

Schädlingsbekämpfung

Nacktschnecken hassen Kupfer. Wenn ihr Schleim das Kupfer berührt, bekommen sie einen Stromschlag. Alte Kupferrohre legt man zu Ringen gebogen um wertvolle Pflanzen herum.

Koffein reizt die Nacktschnecken so sehr, dass sie übermäßig viel Schleim produzieren, dadurch austrocknen und schließlich sterben. Man besorgt sich Kaffeesatz aus einem Café und verteilt ihn dünn und großflächig um die Pflanzen.

Nacktschnecken hassen Sägemehl. Es lässt sie austrocknen, und deshalb ziehen sie von dannen. Ruß hassen sie aus dem selben Grund, genauso wie zerdrückte Eierschalen.

Nacktschnecken lieben Bier. Man schneidet eine Plastikflasche quer in der Mitte durch, gräbt die untere Hälfte in den Boden, schüttet Bier hinein und deckt alles mit einem Pflanztopf ab, damit keine nützlichen Tiere hineinfallen. Die Schnecken klettern durch das Loch hinein, lassen sich volllaufen und ertrinken. Man braucht jedoch einige solcher Bierfallen.

Möhrenfliegen können eine echte Plage werden. Da die Insekten nicht höher als 60 cm fliegen, erweist sich eine Barriere als nützlich.

Mehltau lässt sich fernhalten, indem man die Pflanzen mit verdünnter Milch einsprüht.

Bei Spinnmilbenbefall die befallenen Pflanzen regelmäßig mit Wasser einsprühen und darauf achten, dass vor allem die Unterseiten der Blätter richtig nass werden.

Zimmerpflanzen, die mit lauter kleinen Käfern bedeckt sind, werden am besten gründlich abgeduscht – Topfrand und Stellen unter dem Rand ebenfalls abspülen.

Ernteglück

Herbstaktivitäten im Garten

Da pflanzt man und sät man, da gräbt und hackt und jätet man, da pfählt man und stützt man, da staunt man und pflückt man. Manche Tage sind wunderbar, andere mögen ernüchternd sein, alles geht seinen Gang ... und dann ist auf einmal alles ganz schnell vorbei. Der Sommer geht zu Ende und schenkt uns vielleicht noch ein paar warme Tage, doch dann wird es höchste Zeit, dass man sich beeilt. Wenn die Saison vorüber ist, gibt es im Garten noch viel zu tun. Was wir jetzt ernten, einwecken und lagern, macht uns die kommenden Monate angenehm und erfüllt uns mit Stolz. Das Aufräumen im Herbst soll aber nicht heißen, dass man sogar bei schlechtestem Wetter nach draußen muss – außer man tut es freiwillig.

Schöne Herbsttage sollte man genießen. Denn je näher der Winter rückt, desto kälter und trostloser wird es. Nach der Ernte ist es an der Zeit, den Garten zur Ruhe zu betten. Man recht das Laub vom Rasen und von den Beeten und steckt es in einen Sack oder eine Kiste, wo es sich in Laubkompost verwandeln kann. Von den Stauden entfernt man die abgestorbenen Blätter und schneidet die meisten Triebe zurück. Schöne Samenkapseln und ein paar alte Triebe ruhig stehen lassen, damit Insekten darin ihren Winterschlaf halten können. Zimmerpflanzen, die den Sommer im Freien verbringen durften, kommen wieder nach drinnen. Wurmkisten, die man draußen oder in einem Schuppen aufgestellt hat, warm einpacken, damit die Würmer aktiv bleiben.

Freilandbehälter, in denen Wintersalat und Wintergemüse wachsen, werden mit Gartenvlies oder Luftpolsterfolie abgedeckt. Oliven- und Lorbeerbäume, empfindliche Palmen und Schmetterlingsingwer (*Hedychium*) brauchen allesamt einen Winterschutz, außer bei mildestem Klima. Zum Einwickeln von Olivenpflanzen, Lorbeer und anderen frostempfindlichen Mehrjährigen eignet sich Luftpolsterfolie oder Vlies. Pflanzen, die in Kübeln wachsen, stellt man auf eine Unterlage aus Polystyrol. Dahlienknollen kann man im Boden lassen, solange dieser nicht den ganzen Winter über gefroren ist oder zu nass wird. Sobald ihre Blätter abgestorben sind, diese sowie andere empfindliche Knollen- und Zwiebelpflanzen mit einer 15 cm dicken Mulchschicht abdecken. Um den schlimmsten Regen fernzuhalten, lege ich alte Pflanzerdesäcke darüber und stecke sie im Boden fest.

Der Herbst ist eine gute Zeit, um Pflanzen umzusetzen, die am falschen Ort stehen, weil sich der Boden noch gut bearbeiten lässt und die meisten Gewächse in ihre Ruhephase übergehen, aber immer noch aufzufinden sind. Der Herbst ist auch die Zeit, in der man frühlingsblühende Zwiebelpflanzen in die Erde setzt.

Eine Aufräumaktion im Herbst gibt Gelegenheit, den Bestand zu prüfen, Pflanzen umzusetzen und Samen zu sammeln. Allzu gründlich braucht man aber nicht zu sein, denn die Fruchtstände von Gräsern ergeben im Winter einen hübschen Blickfang.

Die eigene Samenernte

Ein naheliegender Grund, Samen zu gewinnen ist der, dass man Geld spart. Warum sollte man neue Samen kaufen, wenn man selbst welche ernten kann? Hier geht es aber eigentlich um viel mehr als um Sparsamkeit. In den letzten 40 Jahren sind die Leute dazu übergegangen, ihre Samen zu kaufen, anstatt sie selbst zu ernten. Bei den meisten Samen, die verkauft werden, handelt es sich um Hybriden mit Jahr für Jahr den gleichen Samen, anstatt um traditionelle Sorten, die durch offene Bestäubung entstanden sind (siehe „Alte Sorten" auf Seite 92).

Indem man im eigenen Garten Samen aus offener Bestäubung gewinnt, bewahrt man Gemüse- und Zierpflanzen mit leichten Sortenunterschieden. Diese sind wie eine lebende Genbank, die sich den örtlichen Bedingungen angepasst hat. Alle Samenkörner weisen leichte Unterschiede auf und sind für viele verschiedene Bedingungen geeignet bzw. in der Lage, sich diesen anzupassen. Hat man auf dem Wochenmarkt zum Beispiel leckere Tomaten einer alten und ursprünglichen Sorte gekauft und zieht aus den Samen neue Pflanzen, dann haben sich diese bereits in gewissem Maße den Bedingungen ihres neuen Standorts angepasst.

Die im Handel erhältlichen Hybridsamen sind jedoch Tüte für Tüte und Jahr für Jahr identisch. Das bedeutet, dass wir die Wachstumsbedingungen in unserem Garten den Samen anpassen müssen und nicht umgekehrt. Dadurch haben wir unbewusst ein einheitliches Anbauverfahren geschaffen, das auf Standardbedingungen und Düngemitteln basiert. Unsere klimatischen Bedingungen hingegen waren nie konstant und werden es auch nie sein. Was wir brauchen, ist ein Genpool, der genug Vielfalt bietet, um sich den zukünftigen Notwendigkeiten anzupassen. Samen gewinnen macht Spaß, spart Geld und ist eine machtvolle politische Geste.

Samen gewinnen ist leicht. Man braucht bloß ein bisschen Botanik, ein paar Papiertüten, einen Bleistift und die Bereitschaft, den Schätzen des nächsten Jahres einen Platz im Kühlschrank einzuräumen.

Samen sind das Ergebnis der Bestäubung und erfolgreichen Befruchtung einer Blüte. Die Samenhülle ist dazu da, den Inhalt des Samens zu schützen, und zwar nicht nur vor Gewalteinwirkung, sondern auch vor Umwelteinflüssen. Sie sorgt auch dafür, dass der Samen nicht unter den falschen Bedingungen zu keimen beginnt.

Bei manchen Samen, wie Früchten und Hagebutten, ist die Samenhülle zusätzlich durch ein fleischiges Gewebe geschützt, das gewöhnlich dazu da ist, Tiere anzulocken, die den Samen forttragen, damit dieser sich auf neuem

Gegenüber: **Samen sollten am besten reif von der Pflanze geerntet werden. Bei den meisten sommerblühenden Pflanzen ist der Herbst die richtige Zeit dafür.** Von links oben im Uhrzeigersinn: **Samenhülsen und Samenkapseln von Kalifornischem Goldmohn, Chilipflanzen, Ringelblumen, Sonnenblumen (Samen) und Sonnenblumen (Blüten) und Jungfer im Grünen.** Mitte: **Stockmalvensamen.**

Territorium ansiedeln kann. Andere Samen stecken in Kapseln, die dafür sorgen, dass sich die Samen erst dann verstreuen, wenn sie reif sind. Die Samenkapseln von Mohnpflanzen öffnen sich erst, wenn die Samen zur Aussaat bereit sind. Es ist wichtig, dass man die Samen im richtigen Reifestadium erntet. Das erkennt man im Allgemeinen daran, dass sie dunkel und hart geworden sind. Unreife Samen gehen nicht auf.

Die meisten Gartenpflanzen bilden ihre Samen am Ende der Wachstumssaison, also üblicherweise im Herbst. Dieser Entwicklungsverlauf ist ganz natürlich, aber gleichzeitig ein Dilemma, weil es in dieser Jahreszeit kälter wird, viel regnet und der Winter mit Frost und Schnee vor der Türe steht. Und das ist natürlich nicht die richtige Zeit

zum Keimen, daher die Samenhülle. Viele solcher Samenhüllen sind wasserdicht und müssen erst eingeweicht werden, bevor eine Keimung möglich ist. Die Samen von Bohnen und Erbsen kommen erst in Gang, wenn der Frühlingsregen die Samenhüllen aufgeweicht hat. Samen brauchen Zeit, um sich richtig zu entwickeln.

Samen sammeln und aufbewahren

Während manche Samen, wie die der Schlüsselblume (*Primula veris*), in reifem Zustand ausgesät werden müssen, damit sie gut keimen, ist es bei den meisten Samen jedoch unerlässlich, dass sie gut getrocknet sind. Nasser Samen verfault, schimmelt und wird schnell unbrauchbar.

Werden die Samen zur rechten Zeit geerntet, dann hat die Natur das Trocknen schon für uns erledigt. In manchen Fällen, wie etwa bei Mehrjährigen, ist es besser, gleich die ganze Samenhülse zu nehmen und die Samen darin trocknen zu lassen, damit keine verloren gehen. In regnerischen Jahren sollte man am besten gleich den ganzen Fruchtstand ernten, damit die Samen durch die Feuchtigkeit nicht zu faulen beginnen. Bei Schlaf-Mohn empfiehlt es sich, die Stiele mit den noch nicht ganz ausgereiften Samenkapseln abzuschneiden, drinnen kopfüber über einen Eimer zu hängen und darauf zu warten, dass sich die Poren in den Kapseln im Laufe einiger Tage langsam öffnen und die Samen freigeben.

Beim Ernten sollte man die Samen am besten in Papiertüten füllen, weil sie darin weitertrocknen können. Samen, die man unterwegs bei einem Spaziergang gesammelt hat, wickelt man einfach in ein Stück Papier ein, damit sie atmen können.

Links: Wickensamen sind reif zur Ernte, wenn die Schote aufplatzt.
Gegenüber: Mitbringsel von botanischen Streifzügen durch die Gärten anderer Leute.

Samen säubern und lagern

Manche Samen müssen erst gesäubert werden, ehe man sie lagern kann. Vom Tannenzapfen bis hin zum Kürbis hält die Natur eine große Vielfalt an Fruchtkörpern bereit, die dem Zweck dienen, unbefruchtete Samen zu schützen und den reifen Samen bei ihrer Ausbreitung zu helfen. Während man bei einigen Samen nur die Hülse abzustreifen braucht, sind andere etwas aufwendiger zu säubern.

Die gesäuberten und getrockneten Samen sollten allesamt in Behältern aufbewahrt werden. Das können Papiertüten sein, die dicht verschlossen und beschriftet sind, alte Filmdosen oder kleine Frischhaltedosen mit Deckel. Wer seine Samen in Briefumschlägen oder Papiertüten hat, sollte diese zusätzlich in einen verschließbaren Plastikbehälter legen, da luftdichte Bedingungen sehr wichtig sind. Gelagert werden die Samen am besten im Kühlschrank bei 1–5 °C. Wer keinen Platz im Kühlschrank hat, kann sie auch woanders aufbewahren, wo es immer kühl und trocken ist – Wärme und Feuchtigkeit machen den Samen schnell den Garaus.

Nasse Samen

Bei Melonen, Kürbissen und ähnlichen Früchten werden die Samen mit einem Löffel aus der Frucht geschabt, in ein Sieb gefüllt und unter fließendem Wasser so lange mit dem Löffelrücken durchgerührt, bis sich das Fruchtfleisch ablöst. Danach lässt man die Samen auf Küchenpapier trocknen.

Tomatensamen säubern: Die Samen werden unter fließendem Wasser vom Großteil des Fruchtfleischs befreit (rechts) und in ein Glas Wasser mit einer Prise Natron gelegt (oben). Die schlechten Samen schwimmen oben, und die guten Samen setzen sich unten ab.

Beeren werden einfach in ein engmaschiges Sieb gefüllt und unter fließendem Wasser gut zerdrückt. Das Fruchtfleisch wird in ein Glas mit Wasser gefüllt und stehen gelassen, bis sich die brauchbaren Samen am Boden abgesetzt haben. Nachdem man die Flüssigkeit mit dem an der Oberfläche schwimmenden Fruchtfleisch vorsichtig abgegossen hat, nimmt man die Samen aus dem Glas, lässt sie auf Küchenpapier trocknen und lagert sie ein.

Um die gallertartige Masse an Tomatensamen zu entfernen, kann man die Samen gären lassen. Das stinkt jedoch und dauert mehrere Tage. Ich bevorzuge eine Methode, die zwar nicht biologisch anerkannt, aber dafür weitaus schneller ist. Dazu schneidet man die Tomate in zwei Hälften und löffelt die Samen heraus. Nachdem man den Großteil des Glibbers in einem Sieb herausgewaschen hat, füllt man die Samen in ein Glas mit Wasser (ca. 250 ml), gibt einen Spritzer Geschirrspülmittel oder eine Prise Natron dazu und lässt es über Nacht stehen. Am nächsten Morgen haben sich die brauchbaren Samen am Boden abgesetzt, und die unreifen schwimmen oben. Letztere schöpft man mit dem Löffel ab, seiht die guten Samen durch ein engmaschiges Sieb und lässt sie auf einer Kaffeefiltertüte trocknen. Küchenpapier ist ungeeignet, weil man die kleinen Samen nicht wieder davon losbekommt. Nach dem Trocknen werden die Tomatensamen in einen luftdichten Behälter gefüllt an einem anderen kühlen Ort aufbewahrt.

Feuchte Samen

Es gibt jedoch ein paar Samen, die nicht austrocknen dürfen, da sie sonst später kein Wasser mehr aufnehmen können. Dies sind meist große ölige Samen, wie Eicheln, Walnüsse und Magnoliensamen, die feucht gehalten werden müssen – am besten in Vermikulit in einer dicht verschlossenen Plastiktüte, die im Kühlschrank aufbewahrt wird.

Trockene Samen

Das Ernten von trockenen Samen aus Samenkapseln sollte möglichst bei trockener Witterung erfolgen. Manche Samen sind unkompliziert. Bei Akelei, Jungfer im Grünen, Mohn und Fingerhut braucht man die Samenkapsel nur umzukippen, zu schütteln oder auf einem Stück Papier auseinanderzureißen. Samenkörner, die kleiner, feiner und dadurch schwerer zu fassen sind, kann man durch ein engmaschiges Sieb streichen, das über ein Blatt Papier gehalten wird. Diese Methode eignet sich für die feinen Samen von Korbblütengewächsen, für stachelige Samenhülsen und für Salatsamen.

Ein Hinweis zur Fremdbestäubung

Wer einen herrlichen Garten mit Unmengen an glücklich nebeneinander herwachsenden Kürbissen verschiedenster Sorten hat und sich entschließt, Samen davon zu gewinnen, kann davon ausgehen, dass es unter den Pflanzen zu Fremdbestäubung (Kreuzung) gekommen ist. Eine Bestäubung findet statt, wenn die männlichen Pollen von einer Blüte zur weiblichen Narbe einer anderen Blüte gelangen. Den Bienen, den anderen Tieren und dem Wind, die diese Pollen übertragen, ist es egal, welcher Sorte die Pflanze angehört, die sie gerade bestäuben. Wenn man sie ungestört gewähren lässt, werden aus rosa Christrosen nicht immer rosa Christrosen, und aus gelben Zucchini nicht immer gelbe Zucchini. Die Natur hat kein Interesse an Sortenreinheit, sondern überlässt das lieber den Menschen. Bei einigen Pflanzen macht das ziemlich viel Arbeit: Man muss die Blüten per Hand bestäuben und danach jede einzelne vor Besuchen potentieller Bestäuber bewahren, indem man ihr eine Tüte über den Kopf zieht. Es spricht nichts dagegen, Samen zu verwenden, die aus Fremdbestäubung hervorgegangen sind. Wer jedoch exakt die gleiche Pflanze wiederbekommen möchte, darf nicht vergessen, ihre Blüte der Aufmerksamkeit unerwünschter Besucher zu entziehen.

Genuss im Überfluss

Die Ernte eines Jahres entscheidet in der Regel darüber, was man im nächsten Jahr anbaut. Ob die Ernte zu üppig oder zu gering ausfällt, hängt in gewissem Maße davon ab, wie das Wetter in einem Jahr ist, zeigt aber auch, ob man am Anfang die richtige Menge ausgesät hat oder nicht.

Manche Schwemmen sind wunderbar – Tomaten kann man nie genug haben – aber andere sind anstrengend. Die ersten Buschbohnen schmecken köstlich, und auch die zweite und dritte Ladung, bis man mit dem Ernten gar nicht mehr hinterherkommt und sie am Ende zäh und faserig werden. Mein bester Tipp für solche Fälle sind Gartenbücher aus den 1970-ern. In der Blütezeit der Selbstversorgungsbewegung gab es Dutzende von Büchern darüber, wie man durch Einmachen und Einfrieren mit Obst- und Gemüseschwemmen fertig wird.

Kräuter konservieren

Frische Kräuter sind etwas Wunderbares. Frostempfindliche Pflanzen wie Basilikum muss man allerdings ernten und einlegen oder trocknen.

Eine Flasche Öl oder Essig, die mit einem kleinen Bund Kräutern versetzt wird, bekommt ein herrliches Aroma und schmeckt das ganze Jahr über nach Sommer. Basilikum und Rosmarin pflücke ich meist gegen Ende des Sommers und zwar früh am Morgen, wenn sie am frischesten sind. Bei kräftigen Kräutern wie Rosmarin gebe ich eine Prise Salz oder ein paar Pfefferkörner dazu und lasse das Öl bzw. den Essig ein paar Wochen stehen, damit das Aroma richtig eindringen kann.

Beim Einfrieren hat man die wenigste Mühe, und die Kräuter bewahren ihr natürliches Aroma. Dazu erntet man die Kräuter samt Stängeln, säubert sie und taucht sie zunächst in kochendes Wasser, damit sie ihre Farbe behalten. Dann werden sie trockengetupft und lose in Gefrierbeutel gelegt. Man braucht sie vorher nicht einmal zu hacken, weil sie im gefrorenen Zustand so spröde sind, dass man sie einfach nur zerreiben muss. Basilikum wird im Gefrierschrank fast immer schwarz. Das sieht zwar nicht so schön aus, aber der Geschmack bleibt erhalten. Man kann das frische Basilikum auch in einer Küchenmaschine zerkleinern, mit reichlich Öl zu einer Paste vermengen und in Eiswürfelbehältern einfrieren.

Kräuter trocknen

Beim Lufttrocknen werden die Kräuter kopfüber an einem warmen, trockenen und dunklen Ort aufgehängt. Das kann ein paar Tage bis hin zu ein paar Wochen dauern, je nachdem wie dick die Blätter und Stiele sind. Die Kräuter sind trocken, wenn sie sich wie Papier anfühlen und leicht zerbröseln. Gelagert werden sie am besten lichtgeschützt in einem luftdichten Behälter.

Trocknen im Backofen

Kräuter lassen sich auch im Backofen trocknen. Das sollte allerdings sehr langsam über mehrere Stunden erfolgen. Bei Gasbacköfen reicht dazu schon die Zündflamme.

Blumen trocknen

Ich bin zwar kein großer Fan von Potpourris, weil mir das etwas zu altmodisch ist, aber ein großer Strauß getrockneter Rosen oder Hortensien kann wirklich herrlich aussehen. Es gibt aber auch viele Fruchtstände, wie etwa die von Schlaf-Mohn und Jungfer im Grünen, die toll in Vasen aussehen oder kopfüber aufgehängt für ein rustikales Flair sorgen. Hierbei gibt es ein paar Grundregeln. Beim Trocknen von Blumen hängt viel von der richtigen Wärme und Feuchtigkeit ab. Damit sie ihre Farbe nicht verlieren, hängt man sie kopfüber an einen möglichst trocknen Ort mit konstanter Temperatur und ohne direktes Sonnenlicht. Wer das in großem Stil betreiben möchte, braucht Platz. Anfänger sollten es zunächst mit etwas Einfachem, wie Lavendel oder Rosen versuchen.

Getrocknete Kräuter.
Diese mediterrane
Würzmischung ist eine
meiner liebsten und
besteht aus Lorbeer,
Thymian, Rosmarin,
Salbei, Chilischoten
und Knoblauchzehen,
die getrocknet,
zerbröselt und mit-
einander vermischt
werden.

Selbst gemachte Kräutertees

Für alle, die nur wenig Platz und Zeit zum Gärtnern haben, gibt es nichts Besseres, als Kräuter für den Tee anzubauen. An einem sonnigen Morgen in den Garten hinauszugehen und sich seine Blätter für den Frühstückstee zu pflücken ist ein himmlisches Erlebnis. Und dann auch noch genug davon für den Winter einzulagern, ist ausgesprochen befriedigend. Viele unserer beliebtesten Teekräuter, wie Minze, Kamille und Zitronenverbene, lassen sich problemlos in Töpfen anbauen und sind außerdem sehr dekorativ.

Kräutertee zubereiten

Pro Person nimmt man einen Esslöffel getrocknete bzw. zwei Esslöffel frische Kräuter, wobei der Geschmack natürlich variiert und man von kräftigen Kräutern, wie Rosmarin oder Zitronenverbene, deutlich weniger braucht. Man übergießt die Kräuter mit heißem Wasser und lässt das Ganze mindestens fünf Minuten ziehen. Die mit Wasser vollgesogenen Kräuter setzen sich meist auf dem Boden der Tasse ab, wenn sie aber besonders trocken sind, schwimmen sie oben, sodass man den Tee erst abseihen muss. Wer seinen Tee süßen möchte, sollte am besten Honig nehmen.

Kamille sollte am besten getrocknet für den Tee verwendet werden. Wer nur gelegentlich eine Tasse Kamillentee trinkt, kommt mit zwei bis drei Pflanzen gut aus. Die Süchtigen unter uns müssen sich allerdings etwa zehn Stück davon anbauen. Im Spätsommer, wenn die Kamille in voller Blüte steht, wird sie mit den Stielen am Boden abgeschnitten und an einem kühlen, dunklen und trockenen Ort kopfüber zum Trocknen aufgehängt. Nach ein bis zwei Wochen werden die Blütenköpfe entfernt und in einem luftdichten Behälter in einem kühlen Schrank gelagert.

Tee aus Mutterkraut wirkt Wunder bei Kopfschmerzen. Sein bitterer Geschmack lässt sich mit etwas Honig wunderbar mildern. Zitronen-Melisse hilft bei Magenbeschwerden. Der aus den Blättern gebrühte Tee schmeckt angenehm nach Zitrone und kann in großen Mengen getrunken werden.

Das ist auch gut so, denn Zitronen-Melisse ist sehr wuchsfreudig und sollte daher am besten in Töpfen angepflanzt werden. Schneidet man ihre Triebe im Juni zurück, hat man für den Rest des Sommers zarte junge Blätter.

Die Zitronenverbene gehört zu meinen Lieblingsgewächsen. Sie ist nicht nur ein wunderschöner halbimmergrüner Strauch mit hübschen weißen Blüten, sondern ergibt auch einen köstlichen Tee, der nach Zitronenbonbon, Honig und Torte auf einmal schmeckt. Sie lässt sich wunderbar in Kübeln anbauen und treibt nach einem kräftigen Rückschnitt im Frühjahr wieder neu aus. Nässe und Kälte mag sie allerdings gar nicht und sollte daher im Winter nach drinnen geholt werden.

Minze gibt es in Dutzenden verschiedenen Sorten. Die Pfefferminze (*Mentha piperita*) mit ihren dunklen Stielen schmeckt gut als Tee. *Mentha longifolia* subsp. *schimperi* ist eine marokkanische Sorte mit starkem Minzgeschmack, aus der man traditionellen marokkanischen Tee machen kann, der hochkonzentriert ist und mit viel Zucker getrunken wird. Diese Minze braucht pralle Sonne und ist daher als Kübelpflanze für heiße Terrassen gut geeignet. Andere Minzen eignen sich meist nicht so gut für den Tee.

Manche Gartenkräuter sehen nicht nur schön aus, sondern sind echte Heilmittel. Rosmarin, Ysop und Salbei schmecken zwar bitter, helfen aber wirklich gut bei Halsschmerzen. Sobald man das erste Kratzen im Hals verspürt, holt man sich aus dem Garten schnell ein paar frische Blätter und lässt sie kurz ziehen. Mit Zitrone wird der kräftige Geschmack von Rosmarin und Salbei erträglicher. Man kann auch Honig, Zitrone, Knoblauch, Rosmarin, Ysop und Salbei aufkochen und so lange wie möglich durchziehen lassen.

Gegenüber: Kräutertees, von oben links im Uhrzeigersinn. Beruhigende Kamille; kalter Pfefferminztee; heißer Tee aus Apfel-Minze; Hagebutten als Vitamin-C-Lieferanten, unterpflanzt mit Mutterkraut.

Sammel-
1x1

Das Handwerkszeug

Um sich seine eigene Welt zu erschaffen, ist man auf verschiedene Dinge angewiesen. Werkzeuge und Materialien sind unentbehrlich, aber die richtige Gemeinschaft zu finden, in der man seine Ideen verwirklichen kann, gehört genauso zum sparsamen Gärtnern dazu, wie eine tolle Gießkanne in einem Müllcontainer aufzutreiben. Wenn man erst einmal mit dem Gärtnern angefangen hat, findet man schnell Gleichgesinnte, und im Internet findet man erschwingliche Dinge aus zweiter Hand.

Wer sparsam gärtnern will, braucht das nötige Werkzeug, um sich seine Dinge selbst zu basteln. Zu allererst jedoch benötigt man Gartenwerkzeuge. Alberne Gerätschaften, die die Gartenarbeit angeblich erleichtern sollen, ein Umgraben im Handumdrehen versprechen oder als Wunderwaffe zum Unkrautjäten angepriesen werden, kann man sich in der Regel sparen, weil sie nichts bringen und am Ende nur ungenutzt in der Ecke stehen. Stattdessen sollte man sein Geld lieber für ein paar gute Geräte ausgeben, und zwar für die besten, die man sich leisten kann. In Second-Hand-Läden oder auf dem Flohmarkt kann man gute gebrauchte Gartengeräte bekommen. Wichtig ist, dass die Metallteile in gutem Zustand sind – die Holzstiele lassen sich bei Bedarf leicht ersetzen.

Das wichtigste Werkzeug für den Gartenboden ist ein guter Spaten, mit einem Spatenblatt aus rostfreiem Stahl, der einem bis zur Hüfte reichen sollte. Umgraben ist harte Arbeit, geht jedoch nicht so sehr auf die Knochen, wenn der Spatenstiel aus Holz anstatt aus Kunststoff ist. Hickory- oder Eichenholz sind hierbei die beste Wahl. Eine weitere wichtige Anschaffung ist eine gute Grabegabel. Die mit Holzstielen sind die besten. Für eine Hacke braucht man nicht viel Geld auszugeben. Wichtig ist nur, dass der Stiel gut am Blatt befestigt ist.

Eine Gartenschere ist unerlässlich. Da diese Dinger die Angewohnheit haben, sich zu verstecken oder plötzlich zu verschwinden, kauft man am besten eine, die billig ist, aber solide aussieht. Außerdem braucht man eine gute solide Schere, eine Blumengabel und eine Gartenkelle. Es mag

Links: Ein paar meiner Lieblingsgeräte – Mrs. Frankforts Werkzeuge. Die hier habe ich von Mrs. Frankfort geerbt, einer netten alten Dame, für die ich den Garten gemacht habe. Gegenüber: Diese Buchstaben habe ich in einem Container vor meiner Stammkneipe gefunden, zusammen mit einem riesigen Und-Zeichen, von dem ich nicht weiß, was ich damit machen soll.

zwar seltsam sein, aber bald stellt man fest, dass man verschiedene Rechen braucht. Für den Anfang reichen ein stabiler Gartenrechen, mit dem der Boden gelockert und die Beete geebnet werden, und ein Laubrechen. Hier lohnt es sich, etwas mehr Geld für gute Geräte auszugeben, denn billige Exemplare fallen schnell auseinander.

Wer viel Gartenfläche hat, braucht eine Schubkarre. Bauschubkarren sind am billigsten. In Müllcontainern von ehemaligen Baustellen sind oft welche zu finden. Die sind zwar mit Putz verklebt und nicht mehr besonders schön, aber immer noch funktionsfähig. Gartenschubkarren haben höhere Seiten und sind daher zweckmäßiger, aber so etwas würde ich mir eher zu Weihnachten schenken lassen, anstatt es mir selbst zu kaufen.

Eine Gießkanne ist unentbehrlich. Ich mag die altmodischen Metallkannen, aber eine Plastikversion tut es auch. Wichtig ist, dass sie einen guten Brausekopf hat. Die von den billigen Exemplaren sind manchmal nicht stabil genug, daher sollte man sich ruhig ein wenig in den Läden umschauen.

Für den Kübelgarten braucht man eine Blumengabel, eine Pflanzenkelle und einen Handrechen, der sich erstaunlich gut zum Anlegen von Saatbeeten eignet. Eine Gartenschere ist eine gute Investition, aber eine normale stabile Schere geht auch.

Billige und kostenlose Extras

Um Sämlinge und Blumenzwiebeln einzupflanzen, braucht man etwas, womit man Löcher in den Boden oder die Topferde machen kann. Hier kann man einen Bleistift, ein Essstäbchen oder einen Löffelstiel nehmen. Weiße Pflanzenetiketten aus Plastik lassen sich leicht reinigen und wiederverwenden – wer sparsam ist, kommt mit einer Packung lange aus. Mit Stahlwolle bekommt man die Schrift ganz leicht wieder ab. Zum Beschriften nimmt man besser einen Bleistift, weil Graphit sich nicht zersetzt. Mit einer Schicht durchsichtigem Nagellack kann man die Schrift vor dem Verblassen schützen.

Joghurtbecher, alte Frischhaltedosen und ähnliche Behälter lassen sich als Anzuchtgefäße für Samen und Stecklinge wiederverwenden, indem man Abflusslöcher in den Boden sticht. Zum Abstecken der geraden Saatrillen nimmt man kurze Stöcke und eine Schnur. Aus Plastikflaschen lassen sich leicht Schutzglocken herstellen, die den Frost von empfindlichen Sämlingen fernhalten. Dazu schneidet man nur den Boden ab und stülpt die Flasche über die Pflanze.

Alte Sitten

Auch wenn es noch so altmodisch klingen mag: Knieschützer sind wirklich sinnvoll. Man nimmt eine alte Wärmflasche, füllt sie zu drei Vierteln mit Sand und kniet sich drauf.

Wer irgendwann den Dreck nicht mehr von den Händen bekommt, mischt sich eine grobe Paste aus Zucker und Spülmittel an. Diese wird gründlich einmassiert und wieder abgespült. Danach trocknet man sich die Hände und gibt ihnen noch eine ausgiebige Abreibung mit einer Mischung aus Zucker und Olivenöl. Der Zucker entfernt die abgestorbenen Hautschüppchen und das Olivenöl sorgt für die nötige Pflege.

Die Grundausstattung

Der Umgang mit Werkzeugen, die nichts mit Gärtnern zu tun haben, kann wirklich Spaß machen. Doch muss man erst jemanden finden, der einem geduldig zeigt, wie es geht. Meiner Erfahrung nach sind das nicht die eigenen Lebenspartner, besonders dann nicht, wenn sie ständig über unseren Fahrstil meckern. Für eine Einweisung in den Umgang mit Werkzeugen sollte man sich daher am besten jemand anderen suchen.

Elektrische Werkzeuge sparen Zeit und Kraft. Eine Bohrmaschine ist nicht teuer, man sollte sich aber ruhig die Zeit nehmen, die verschiedenen Modelle genauer zu betrachten. Wer nicht so viel Geld ausgeben will, sollte sich eine normale Bohrmaschine der mittleren Preisklasse anschaffen – und gleich noch ein langes Verlängerungskabel dazu. Die sind meistens leistungsstärker und schneller als ihre kabellosen Kollegen. Ein einfaches Handschleifgerät mit mehreren Aufsätzen für verschiedene Anwendungen ist auch lohnenswert. Damit kann man alle möglichen Arbeiten erledigen, wie etwa die Farbe von einem runden Stuhlbein abschleifen oder eine Tischplatte glätten.

Elektrische Bohrmaschinen

Für die Arbeit mit der Bohrmaschine gibt es eine einfache, aber wichtige Grundregel: Immer schön gerade bohren (weil sonst die Bohrspitze abbricht). Die anderen typischen Probleme haben mit den Einstellungen zu tun. Wenn die Maschine beim Bohren stottert, hat man die Drehzahl entweder zu niedrig eingestellt oder die Schraubendreherfunktion eingeschaltet. Will man die Bohrmaschine als Schraubendreher benutzen, darf man nicht vergessen, die Geschwindigkeit herunterzudrehen, sonst ist die Schraube bestimmt hin.

Die Art der Bohrspitze (Bit) hängt vom Material ab, in das gebohrt wird. Der Durchmesser einer Bohrspitze wird in Millimetern angegeben und sollte geringfügig kleiner sein als der der Schraube. Würde man eine Bohrspitze verwenden, die genauso groß oder etwas größer als die Schaube ist, dann wäre das Bohrloch am Ende zu groß und würde der Schraube keinen Halt geben. Bohrspitzen für Holz haben ein spitzes Ende, mit dem sie sich in das Holz fressen. Bohrer für Stein sehen aus wie winzige Hammerhaie und dürfen nie für Holz verwendet werden. Sogenannte HS-Bohrer (die bestehen aus Schnellarbeitsstahl) können für Kunststoff, Holz und Metall verwendet werden. Sie sind messingfarben und haben einen flachen Kopf.

Schleifgeräte

Schleifgeräte sind ideal zum Beseitigen von Fehlern. Damit kann man Altholz aus dem Müllcontainer schnell und problemlos von Leimresten, Putz und Farbe befreien. Sobald ein Stück Schleifpapier abgenutzt ist, ersetzt man es durch ein neues. Zuerst nimmt man Schleifpapier mit grober Körnung (40), danach das mit mittlerer Körnung (80), und zum Schluss eines mit feiner Körnung (120). Am nützlichsten ist ein Multi-Schleifer, mit dem man verschiedene Arbeiten erledigen kann.

Schleifen sollte man besser im Freien – es staubt ziemlich. Die abgehobelten Holzspäne kann man auf den Kompost werfen oder um wertvolle Pflanzen herum verteilen, da Nacktschnecken nicht gern darüberkriechen.

Weitere Handwerkszeuge

Es ist unglaublich hilfreich, wenn man eine gute Säge hat und auch noch weiß, wie man damit umgeht. Hinter einem Sägegriff steckt mehr, als man auf den ersten Blick vermutet. Der obere Rand, an dem das Sägeblatt befestigt ist, hilft uns, den rechten Winkel abzumessen, und mit der schrägen Seite kann man einen 45-Grad-Winkel bestimmen, den man braucht, um zum Beispiel die Gehrung für die Eckverbindung eines Bilderrahmens zu sägen. Um eine gerade Linie zu ziehen, legt man den Griff an der waagerechten Kante des Holzes an, sodass er richtig aufliegt. Dadurch

bekommt man einen perfekten rechten Winkel. Um einen geraden Schnitt hinzubekommen, muss man sich eine Linie zur Orientierung vorzeichnen, sonst wird er nie gerade. Dazu zeichnet man die Linie auf der Oberfläche und an den Seitenkanten des Holzes auf und sägt bis zur Außenseite der Linie durch. Wer keine Werkbank hat, sollte das Holz mit einer Schraubzwinge irgendwo befestigen. Und wer auch keine Schraubzwinge hat, legt das Holz am besten auf einen Stuhl und stützt sich mit einem Knie darauf ab, damit es nicht verrutschen kann.

Wichtig ist, dass man das Holz am losen Ende (das nicht mit der Schraubzwinge befestigt ist) gut festhält, damit es einem nicht auf die Füße fällt und man am Ende die Säge im Knie stecken hat.

Damit alles gut zusammenpasst, gehört in jeden Werkzeugkasten auch ein Maßband – ein billiges genügt. Man braucht auch Schraubendreher in verschiedenen Größen, und zwar solche für normale Schlitze und Kreuzschlitze. Meine besorge ich mir immer für einen Spottpreis auf dem Flohmarkt. Einen guten Hammer mit einem soliden Griff kann man im Haushalt und Garten immer gebrauchen.

Wer ein paar Schraubzwingen hat, braucht beim Sägen niemanden zum Festhalten, aber noch wichtiger sind sie, wenn man etwas zusammenleimen will. Ein Multifunktionswerkzeug als Alleskönner ist unverzichtbar für unterwegs, um Fundstücke aus dem Sperrmüll gleich abmontieren oder auseinandernehmen zu können. Ein Satz Handbohrer ist ebenfalls nützlich, weil das Bohren damit manchmal schneller geht, als wenn man erst die Bohrmaschine hervorkramen muss. Die Brechstange ist auch ein tolles Werkzeug. Damit kann man Paletten zerlegen und Fußbodendielen herausstemmen.

Schrauben und Nägel

Schrauben sind weitaus nützlicher als Nägel. Für Bauten, die irgendwann wieder demontiert werden sollen, muss man Schrauben verwenden.

Damit baue ich mir meine Welt. Fuchsschwanz, verschiedene Hämmer, Zollstock, Bohrmaschine, Nägel, Schraubzwinge, verschiedene Schraubendreher und Ahle (das kurze Ding mit dem Holzgriff, zum Löcher machen).

Viel Garten, wenig Geld

Kostenlose Materialien

Die Straße ist ein wirklich erstaunlicher Fundort. Beim Stöbern in Müllcontainern stößt man auf allerlei nützlichen und interessanten Kleinkram. Ich habe dort schon Werkzeug, Erde, Pflanzen, Gartenlauben, Gießkannen, Schubkarren und Dosen mit Saatgut gefunden – ganz zu schweigen von Fußbodendielen, Zaunlatten und anderen Dingen aus Holz, aus denen ich mir Sachen für meinen Garten gebaut habe. Hier geht es darum, über den derzeitigen Zustand eines Gegenstands hinwegzusehen und sich vorzustellen, was man daraus machen könnte.

Mülltonnentauchen

Indem man Sachen „von der Straße" verwendet, verringert man nicht nur seinen eigenen ökologischen Fußabdruck, sondern auch den der anderen. Das ist eine sehr sparsame Methode, um sich einen schönen Garten einzurichten. Wenn man sich Sachen gratis beschaffen will, muss man allerdings ein paar Grundregeln beachten. Rechtlich gesehen ist Mülltonnentauchen ein zwielichtiges Unterfangen. Auch wenn die Leute ihre Sachen wegwerfen, weil sie diese offensichtlich nicht mehr haben wollen, besitzen sie immer noch einen Rechtsanspruch darauf.

Bevor man sich über einen Müllcontainer hermacht, sollte man daher immer um Erlaubnis fragen, und zwar aus zwei Gründen: Es ist höflich und man hält sich damit an die Gesetze. Es gibt viele Leute, denen Mülltonnentaucher ein wenig suspekt sind, weil es in ihren Augen etwas mit politischem Aktivismus zu tun hat. Am meisten befürchten sie jedoch, dass man Sachen in ihre Müllcontainer hineinwirft, anstatt sie herauszuholen. Wenn man ihnen höflich erklärt, was man will und warum, sind die Leute beruhigt. Und wenn sie erst einmal wissen, was man vorhat, heben sie einem vielleicht sogar Sachen auf.

Ist niemand da, den man um Erlaubnis fragen kann, hinterlässt man eine Nachricht. Ich habe festgestellt, dass es Wunder wirkt, wenn man einfach einen Zettel hinterlässt, auf dem steht: „Haben Sie das Holz weggeworfen und kann ich es haben? Bitte Ja oder Nein ankreuzen." Manche Leute durchforsten die Müllcontainer lieber nachts oder am frühen Morgen, weil da die Wahrscheinlichkeit geringer ist, jemandem zu begegnen. Aber das macht, wie ich finde, einen ziemlich verdächtigen Eindruck. Ich tue das zu jeder Tageszeit, hinterlasse die Container immer ordentlicher, als ich sie vorgefunden habe und bin bis jetzt auch noch nie in Schwierigkeiten geraten.

Einkauf im Internet

Wer seine Materialien nicht auf der Straße findet, sollte es einmal bei eBay probieren. Wenn man nach Anbietern aus dem näheren Umkreis (15 km) sucht, entdeckt man oft erstaunliche Dinge, die die Leute nicht per Post versenden können. Im Internet findet man auch Angebote für Großmengen an Schrauben, Nägeln und anderen Werkzeugen, mit denen man seine Fundstücke aus dem Müllcontainer umgestalten kann, und die man in null Komma nichts nach Hause geliefert bekommt.

Freecycle

Freecycle ist eine Internet-Plattform zum Verschenken, die sich als so nützlich erweist, dass ich mich frage, wie wir jemals ohne sie auskommen konnten. Man meldet sich einfach bei seiner regionalen Freecycle-Gruppe an und bietet Sachen an, die man loswerden will. Das Ganze funktioniert nach dem Prinzip „Wer zuerst kommt, mahlt zuerst" und hält skurrile und wunderbare Dinge, wie Zugfahrkarten, Kronleuchterhalterungen und Papier bereit. Es ist natürlich Glückssache, aber man kann dort sogar Gewächshäuser, Gartenlauben, Erde, Rasen und alle möglichen Pflanzen finden, die sich die Leute herangezogen haben. Und wenn man selbst einmal zu viele Tomatensämlinge hat oder nicht weiß, wohin mit den ganzen Bohnen, dann verschenkt man sie einfach über Freecycle.

Für Mülltonnentaucher

Vorher um Erlaubnis fragen.

Falls jemand Ärger macht, weggehen.

Kein unbefugtes Betreten – Container in Privateinfahrten sind absolut tabu, außer es ist jemand zum Fragen zu Hause.

Immer Handschuhe, stabiles Schuhwerk und lange Hosen tragen (nicht wie ich auf den Fotos – aber das war ein sehr heißer Tag). Müllcontainer sind oft voller Glasscherben und rostiger Nägel.

Stets Schraubendreher oder Multifunktionswerkzeug mitnehmen. Messingscharniere, Riegel und Schrauben kann man gut gebrauchen.

Immer auf der Suche sein. Das, was man braucht, findet man meistens nicht auf Anhieb.

Sich beherrschen. Dinge, die man nicht gebrauchen kann, nicht aus Prinzip mitnehmen.

Den Container ordentlich hinterlassen. Herausgenomene Dinge, die man nicht braucht, wieder zurücklegen.

Den Leuten erzählen, was man sucht. Durch Mundpropaganda und Tipps bekommt man die besten Fundstücke.

Kostenlose Samen

Wer sich für die Aussaat begeistert, ist bei Samentauschbörsen genau richtig. Dort bekommt man nämlich große Mengen an Samen kostenlos. Man braucht nur den eigenen Überschuss an Samen mitzunehmen und gegen andere einzutauschen. Oft ist es kein Problem, wenn man noch keine Samen zum Tauschen hat, denn die meisten Leute dort sind Gartenanfängern sehr wohlgesonnen. Die Termine für solche Tauschbörsen findet man meist an Anschlagtafeln für regionale Frühlingsveranstaltungen oder auch im Internet. Unter dem Suchbegriff „Samentausch" oder „Samentauschbörse" findet man bei Google nicht nur regionale Veranstaltungen, sondern auch eine ganze Internet-Community von Leuten, die das ganze Jahr über Samen tauschen.Man kann auch bei Yahoo Groups im Bereich Garten und Pflanzen nachschauen.

Flohmärkte

Flohmärkte sind wunderbare Fundorte. Interessante und billige Pflanzen findet man vor allem auf speziellen Pflanzen-Flohmärkten, die meist gegen Frühlingsende bis Sommeranfang abgehalten werden, wenn emsige Hobbygärtner feststellen, dass sie viel zu viele Sämlinge herangezogen haben und diese nun verkaufen wollen. Auf solchen Märkten habe ich schon wirklich ungewöhnliche Pflanzen entdeckt, sogar seltene Orchideen.

Auch bei der Suche nach Werkzeugen sind Flohmärkte ein guter Anlaufpunkt. Dort landen nämlich oft die letzten Überreste aus dem Haushalt und Schuppen alter Herrschaften, deren gebrauchte Spaten und Gabeln meist besser sind als unsere heutige Neuware, weil sie noch aus richtigem gehärtetem Stahl hergestellt und für die Ewigkeit gemacht wurden. Die Holzstiele vieler solcher alter Spaten und Gabeln sehen oft nicht so vertrauenserweckend aus, aber das ist kein Problem, denn sie lassen sich schnell austauschen. Es lohnt sich auch, nach Hacken Ausschau zu halten – je abgenutzter die Hacke aussieht, desto besser funktioniert sie.

Der kleine Eisenwarenladen um die Ecke

Wer Glück hat, hat irgendwo in der Nähe noch einen dieser unabhängigen Läden, in denen alle erdenklichen Dinge für den Haushalts- und Heimwerkerbedarf verkauft werden. Die Leute, die so ein Geschäft betreiben, verfügen meist über eine Fülle an Wissen und Erfahrungen, mit denen sie Leute wie du und ich beim Heimwerken gern unterstützen.

Aus dem Netz gefischt

Saatgut

THOMPSON & MORGAN
www.thompson-morgan.de
Weltweiter und traditionsreicher Anbieter mit sehr umfangreichem Angebot an Saatgut. Viele Informationen zum Saatgut und eine Menge Tipps und Wissenswertes zur Vermehrung, Pflanzung und Ernte, bietet insbesondere die englischsprachige Internetseite: www.thompson-morgan.com

ORGANICXSEEDS
www.organicxseeds.com
Große Datenbank zu aktuell in Deutschland verfügbarem und ökologisch vermehrtem Saatgut, hervorgegangen aus einem bundesweiten Forschungsprojekt.

DRESCHFLEGEL
www.dreschflegel-saatgut.de
Zusammenschluss von Gärtnerhöfen, die ausschließlich biologische Saatgutvermehrung und -züchtung betreiben. Die Seite bietet einen Online-Shop, umfangreiche Informationen zum Thema und zahlreiche Verweise zu weiteren Initiativen.

BIOTERRA
www.bioterra.ch
Die Schweizer Bio-Organisation für Garten, Konsum und Landwirtschaft mit eigener Zeitschrift, vielen Tipps und wichtigen Informationen zum Thema. Großes Adressenverzeichnis für die Schweiz.

SYRINGA
www.syringa-samen.de
Spezialist für Duft- und Würzkräuter mit eigenem Online-Shop und Schaugarten. Ein Kräuterlexikon hält zudem umfangreiches und kompetentes Wissen parat.

BIO-SAATGUT
www.bio-saatgut.de
Kontrolliert biologisch gibt es hier seltene und „vergessene" Gemüsearten, Kräuter und Bauerngartenblumen.

RARITÄTENGÄRTNEREI TREML
www.pflanzentreml.de
Besonderes, „Vergessenes" und das nicht Alltägliche, gibt es hier vom Fachmann für alle Gartenkräuterfragen. Erfahrener Anbieter aus Bayern mit angebundenem Kräuter- und Aromagarten.

Garten

INSTRUCTABLES
www.instructables.com
Englischsprachige Seite, die Selbstgemachtes aus allen Lebensbereichen präsentiert und auch für Gärtner eine wahre Fundgrube darstellt. Do It Yourself und weltweites Netzwerk Gleichgesinnter.

GUERILLA GARDENING
www.guerillagardening.org
Englischsprachige Seite. Einst als Blog gestartet, ist die Seite mittlerweile zu einem lebendigen Forum für alle geworden, denen vernachlässigtes öffentliches Grün ein Dorn im Auge ist. Unbedingt vorbeischauen und in die Community eintauchen!

GRÜNE WELLE
www.gruenewelle.org
Portal für alle deutschen Garten-Piraten mit aktuellen Informationen zum Stand der Bewegung sowie zahlreichen Verweisen zu Plattformen in aller Welt. Tipps und Berichte über eigene Aktionen erklären umfassend das Wesen des Guerilla Gärtnerns.

URBANACKER
www.urbanacker.net
Virtueller Treffpunkt für Guerilla-Gärtner und urbane Landwirtschaft sowie interkulturelle und Gemeinschafts-Gärten. Durch die große Linksammlung, die bundesweite Termindatenbank und den Know-How-Bereich sollte sich jeder „alternative Gärtner" einmal durchgeklickt haben!

ROYAL HORTICULTURAL SOCIETY
www.rhs.org.uk
Wenn auch auf Englisch, ein echtes „Must Have" für jeden Gärtner. Einmal das Prinzip der Seitennavigation verinnerlicht, eröffnet sich ein riesiger Fundus zu allen gartenrelevanten Themen.

GARTENTECHNIK
www.gartentechnik.de
Riesiges Sammelsurium von Webadressen aus der Welt des Gärtnerns mit Newsletter-Funktion – Willkommen in der „grünen Welt"!

GÄRTNER PÖTSCHKE
www.poetschke.de
Reichhaltiges Angebot an Saatgut, Pflanzen und Gartenzubehör.

Lieblings-pflanzen

Die Entscheidung darüber, was man anpflanzt, kann auf den ersten Blick etwas schwierig sein. Für den Anfang eignen sich die Gemüsesorten, Kräuter und Blumen, die auf den nächsten Seiten beschrieben werden. Sie sind allesamt billig und pflegeleicht und gedeihen in Behältern genauso gut wie im Boden.

Die besten Gemüsesorten

Rote Bete

Das Schöne bei Roter Bete ist, dass sie sich wie von selbst anbaut, sodass man nichts falsch machen kann. Die Samen werden etwa 2 cm tief mit 20 cm Abstand zwischen den Reihen ausgebracht. Bei feuchter Witterung oder bei nassem Boden sollten die Samen vor der Aussaat über Nacht eingeweicht werden. Man kann die Samen im endgültigen Abstand von etwa 20 cm ausbringen, aber ich lasse nur 5 cm Abstand dazwischen und dünne die Pflanzen nach und nach aus, weil ich die jungen Blätter für Salate verwende und die kleinen Rüben gern im Miniaturformat esse.

Bei heißer Witterung oder Trockenheit fängt Rote Bete schnell an zu schießen. Daher empfehlen sich Sorten, die nicht schießen.

Sorten: 'Chioggia' ist eine alte Sorte mit roten und weißen Ringen. 'Boltardy' schießt nicht so leicht, 'Forono' und 'Cylindra' sind tiefrot und länglich.

Kartoffeln

Kartoffeln kann man mit wenig Platz und ganz ohne offenen Boden anbauen. Sie sind so produktiv, dass sie selbst in einem alten Sack oder einem Kübel eine gute Ernte hervorbringen. Dadurch bekommt man sogar auf kleinstem Raum einen anständigen Ertrag an frischen neuen Kartoffeln, wenn die in den Läden zum Höchstpreis verkauft werden. Kartoffeln werden nach ihrer Reifezeit unterschieden. Frühkartoffeln brauchen rund 90 Tage, bis sie geerntet werden, mittelfrühe Kartoffeln brauchen etwa 110 Tage, und die späten Sorten bis zu 160 Tage. Bei Platzmangel empfiehlt sich der Anbau von frühen und mittelfrühen Sorten. Zum Einpflanzen nimmt man keine alten gekeimten Speisekartoffeln aus dem Obst- und Gemüseladen, sondern richtige Saatkartoffeln aus der Gärtnerei oder vom Gartenversand. Bei diesen kann man sichergehen, dass sie mit keiner der typischen Kartoffelkrankheiten befallen sind. Die meisten Kartoffelbauern raten dazu, die Saatkartoffeln vor der Aussaat drinnen vorzukeimen. Wenn die Keime etwa 2,5 cm lang sind und das richtige Wetter vorherrscht, werden sie ausgepflanzt. Ich muss allerdings gestehen, dass ich das nie mache. Wer seine Kartoffeln auf die faule Tour anpflanzen will, braucht nur einen großen Kübel (30 Liter) mit einer 25–30 cm hohen Schicht Universalerde zu befüllen, die Kartoffeln (nie mehr als zwei übereinander) hineinzulegen und mit Erde zu bedecken. Sobald die Keime herausragen, werden sie mit weiterer Erde bedeckt. Das macht man so lange, bis der gesamte Kübel mit Erde gefüllt ist. Wer seine Kartoffeln in einem Plastiksack anbaut, muss den Sack zunächst nach unten rollen und beim Auffüllen mit Erde Stück für Stück wieder aufrollen – und darf natürlich nicht vergessen,

Die besten Tipps für gesundes Gemüse

1. Einen sonnigen Standort wählen. Petersilie, Minze, Spinat und Mangold vertragen lichten Schatten.

2. Gemüse der folgenden vier Pflanzenfamilien muss jedes Jahr in einem anderen Gartenabschnitt angebaut werden (Fruchtwechsel): Hülsenfrüchte (Erbsen und Bohnen), Kartoffeln, Zwiebeln und Kohlgemüse.

3. Erst die Saatreihen wässern, danach säen.

4. Bei nasskalter Witterung nicht so tief säen, damit die Samen nicht faulen.

5. Falls Wasser ein Problem ist, erst auf das Gießen konzentrieren, wenn die Früchte zu reifen beginnen.

6. Kohlgemüse gedeihen in festem Boden. Den Boden nach dem Auspflanzen festtreten und die Erde um die heranwachsenden Pflanzen immer wieder andrücken.

7. Je weiter Wurzelgemüse auseinandersteht, desto größer wird es.

8. Nektarreiche Blumen, wie Ringelblume und Kapuzinerkresse, zwischen Gemüse anpflanzen, um nützliche Insekten anzulocken, die Schädlinge vertilgen.

9. Den Gartenboden mit Kompost anreichern. Gesunder Boden bedeutet gesunde Pflanzen.

ein paar Abflusslöcher in den Boden zu stechen. Kartoffeln brauchen Wasser, vor allem, wenn sie in Behältern angebaut werden. Bei heißer Witterung sollte jeden Tag gegossen werden. Der Anbau in offenem Boden ist genauso unkompliziert. Manche Bücher wollen uns allerlei geheimnisvolles Wissen vermitteln und schrecken dadurch viele Leute ab. Der beste Kartoffelgärtner, den ich kenne, hat mir einmal gesagt, dass er in arbeitsreichen Jahren nichts weiter tut, als einfach nur ein 20 cm tiefes Loch zu graben, das ganze rundherum gejätete Unkraut hineinzuwerfen, seine Kartoffeln dazuzulegen und das Loch wieder mit Erde aufzufüllen. Wer jedoch ein Beet zu besetzen hat, bringt seine Kartoffeln mit 30–40 cm Abstand in Reihen aus, die 40–50 cm auseinanderliegen.

Wenn die Pflanzen geblüht haben und ihre Blätter gelb und welk werden, kann man die Knollen ernten. Beim Anbau in Behältern schüttet man gleich den ganzen Inhalt des Kübels aus, und zwar möglichst auf eine Unterlegplane oder einen ausgebreiteten Plastiksack, damit die Erde nicht sonstwo landet, und liest die Kartoffeln heraus. Die alte Erde kann man zum Mulchen verwenden. In offenem Boden wird die gesamte Pflanze mit einer Gabel aus der Erde gehoben, damit man die einzelnen Knollen ernten kann. Gelagert werden Kartoffeln an einem kühlen und dunklen Ort.

Sorten: Mein Lieblingskartoffel heißt 'Red Duke of York'. Sie hat hübsche dunkelviolette Blüten und schmeckt köstlich. 'Swift' ist eine frühe mehlige Sorte, gut für den Anbau in Kübeln, lecker als Ofen- oder Bratkartoffel. 'Anya', eine Kreuzung aus der knubbeligen Sorte 'Pink Fir Apple' und dem Allroundtalent 'Charlotte', ist eine gute Salatkartoffel. Die französische Sorte 'La Ratte' ist fest und nussig.

Knoblauch

Ich gestehe, dass ich für den Gartenanbau einfach den Knoblauch verwende, den ich gerade in der Küche habe. Dieser ist zwar nicht auf Krankheiten getestet, aber dafür sehr billig. Ich nehme die größten und dicksten Zehen und stecke sie gegen Ende November 8 cm tief in den Boden oder in einen Topf, und zwar mit dem flachen Ende zuerst. Bei sehr schwerem Boden braucht man nicht so tief zu gehen, solange die Zehen mit einer 2,5 cm dicken Schicht Erde bedeckt sind. In Schneegebieten sollte der Knoblauch möglichst etwas früher gepflanzt werden. Der Pflanzabstand zwischen den Zehen beträgt 10 cm, und der Reihenabstand 20 cm. Ein offener und heller Standort ist am besten. Knoblauch, der im Boden wächst, muss nicht gegossen werden, aber der in Töpfen unbedingt. Wenn die Blätter dann gegen Mitte bis Ende des Sommers gelb werden, zieht man die Knoblauchknollen heraus. Man sollte mit der Ernte jedoch nicht so lange warten, bis die Blätter verwelkt sind, da sonst die Knollen zu faulen beginnen. Da es in manchen Jahren zu einem verstärkten Auftreten der Rostkrankheit kommen kann (gelbe Pusteln an Blättern und Trieben), sollte man den Knoblauch bei sichtbarem Befall der Stängel schon beizeiten ernten, auch wenn es noch verfrüht erscheint.

Knoblauch braucht ungefähr zehn Tage Kälte, bis seine Knollenproduktion in Gang kommt. Daher sollte man ihn am besten noch vor Weihnachten pflanzen – bis Februar reicht aber auch noch. Im Spätsommer kann man dann frische

saftige Knoblauchknollen ernten, die sich wunderbar in der Suppe machen.

Wenn ich gerade keine köstlichen Zehen vom Wochenmarkt habe, nehme ich immer 'Cristo'. Das ist das beste Allroundtalent – guter Geschmack, gute Größe und gute Haltbarkeit.

Tomaten

Dank der wachsenden Beliebtheit alter Sorten und der Bezugsquellen im Internet gibt es endlich keinen Grund mehr, jemals wieder eine wässrige, geschmacklose Tomate zu essen. Man könnte auch einmal gelbe, rosafarbene, weiße, schwarze, grün gestreifte oder orangefarbene und violette Sorten ausprobieren.

Bei Tomaten werden drei Wuchstypen unterschieden. Indeterminierte (unbegrenzt wachsende) hohe Sorten eignen sich am besten für Kleingärten, Gemeinschaftsgärten und Standorte mit reichlich Platz. Determinierte, also begrenzt wachsende Sorten wie Buschtomaten, sind ideal für Kübel und Terrassen, und Zwergtomaten sind für Hängekörbe, Fensterbänke und Rabatten. Bei hohen Sorten muss man die Triebspitzen auskneifen, die Seitentriebe entfernen und die Pflanzen abstützen. Buschtomaten sind kompakt und müssen weder pinziert noch abgestützt werden. Wer also nicht viel Aufwand betreiben kann oder will, sollte sich für Buschtomaten entscheiden.

Tomatensamen brauchen Wärme zum Keimen, aber sie keimen schnell und sind sehr widerstandsfähig – ich habe auch schon welche aus Pflasterritzen sprießen sehen. Man sollte sich jedoch nicht verleiten lassen, zu viele Tomaten anzubauen – fünf Pflanzen sind für einen kleinen Garten oder eine Terrasse meist völlig ausreichend.

Die Jungpflanzen sollten erst ausgepflanzt werden, wenn keine Frostgefahr mehr besteht. Aber auch dann kann es in kalten Nächten durchaus noch notwendig sein, sie zu schützen, indem man zum Beispiel Pappkartons darüberstülpt. Wer seine Tomaten in Reihen auf einem Beet anbauen will, sollte einen Pflanzabstand von 45 cm und einen Reihenabstand von 60 cm einhalten. Zum Anbau in Behältern wird jeweils

eine Pflanze in einen großen Kübel gesetzt. Säcke mit Pflanzerde sind eine gute und billige Alternative. Man legt den Sack längs auf den Boden, sodass die Maximaltiefe für die sich ausbreitenden Wurzeln gewährleistet ist, sticht entlang der Unterseite ein paar Abflusslöcher hinein und pflanzt pro Sack zwei Tomatenpflanzen ein.

Hohe Sorten müssen abgestützt werden, weil sie ihr eigenes Gewicht nicht mehr tragen können, sobald sie ihre Früchte hervorbringen. Der Stützpfahl, der in sicherem Abstand vom Wurzelballen in die Erde gesteckt wird, muss mindestens 120 cm lang sein. Die Schnur wird fest um den Pfahl und locker um den Stamm gebunden, und zwar direkt unterhalb eines Blattes. Sobald die ersten Blüten zum Vorschein kommen und Früchte ansetzen, führt man den Pflanzen einmal pro Woche einen flüssigen Tomatendünger zu. Beinwell- oder Brennnesseljauche ist dafür am besten geeignet.

Bei hohen Sorten muss man die Seitentriebe entfernen (Ausgeizen), damit sie mehr Früchte bilden. Diese sogenannten Geiztriebe wachsen im Gegensatz zu den richtigen Blättern, die rechtwinklig am Stamm sitzen, schräg aus den Blattachseln heraus und lassen sich ganz einfach mit den Fingern ausbrechen. Entfernt werden müssen auch Triebe, die an der Basis der Pflanze entstehen. Sobald sich ungefähr sechs Tomatenrispen gebildet haben, kappt man die Spitze der Pflanze, damit sie nicht mehr weiterwächst. Wenn alle Früchte gut heranreifen, kann man die Blätter an der unteren Hälfte des Stamms entfernen. Dadurch wird der Reifeprozess der Tomaten unterstützt.

In feucht-warmen Sommern fallen Tomaten oft der Kraut- und Braunfäule zum Opfer. Diese Krankheit erkennt man daran, dass die Blätter zunächst schokobraune Flecken bekommen und die Stiele und Früchte schließlich schwarz werden. Die tödliche Wirkung setzt schnell ein, sodass eine Tomate, die am Morgen noch gut aussieht, bereits bis zum späten Abend befallen sein kann. Durch Einsprühen mit Kupfersulfat lässt sich zwar das Schlimmste verhindern, aber die Ernte ist nicht mehr zu retten. Erkrankte Pflanzen dürfen auf keinen Fall auf den Hauskompost geworfen werden.

Wenn sich der erste Frost ankündigt und man noch nicht alle Tomaten geerntet hat, deckt man die gesamte Pflanze mit Vlies oder Plastikfolie ab. Zum Saisonende hin kann man die Pflanzen auch samt Wurzeln herausreißen und drinnen kopfüber aufhängen. Die noch grünen Früchte reifen dann an der Pflanze heran.

Sorten: Die besten Cherrytomaten: 'Gardener's Delight' (ideal für Anfänger), 'Sungold' und 'Baxter's Early Bush'. Standardsorten: 'Alicante', 'San Marzano', 'Super Marmande' für Pizza und als passierte Tomaten. Alte Sorten: 'Green Zebra', 'Yellow Plum', 'Red Pear', 'Brandywine', 'Sebastopol'. Zwergsorten: 'Tiny Tom', 'Tumbling Tom Yellow', 'Tumbling Tom Red'.

Zucchini

Zucchini sind ein ideales Anfängergemüse. Sie müssen im Beet nach allen Seiten hin 50 cm Abstand zueinander haben, können aber genauso gut einzeln in großen Kübeln oder in Pflanzerdesäcken angebaut werden. Schon eine Pflanze bringt so viele Zucchini hervor, dass man oft gar nicht weiß, wohin damit. Mit zwei Zucchinipflanzen kann man eine ganze Familie ernähren und bei drei Pflanzen sollte man sich besser ein Rezept für Zucchinikuchen besorgen! Es gibt runde und längliche Zucchini und einige, die nur Blüten bilden, welche man mit leckeren Füllungen isst.

Zucchini sollten immer erst in Töpfen vorgezogen werden, weil bei einer Direktaussaat das Risiko zu groß ist, dass die Samen im Boden verfaulen. Wenn man die Töpfe zum Keimen drinnen stehen lässt, bekommt man zwar einen guten Vorsprung, stellt man sie aber ins Freie, werden die Sämlinge widerstandsfähiger, weil die Samen erst bei steigender Bodentemperatur keimen. Sobald die jungen Pflänzchen zwei richtige Blätter gebildet haben und das dritte bereits unterwegs ist, werden sie ausgepflanzt. Zucchini sollten geerntet werden, solange sie klein und fest sind. Große Früchte sind wie Kürbisse und lassen sich nicht gut essen. Wer kein Messer hat, kann die Zucchini einfach an der Basis abdrehen. Je mehr man erntet, desto mehr Früchte produziert die Pflanze.

Sorten: Meine Lieblingssorte ist die gelbe warzige 'Rugosa Friulana'. Die ist wunderbar hässlich und schmeckt einfach himmlisch. 'Jemmer' ist produktiv und pflegeleicht, gut für Anfänger.

Gurken

Bei Gurken unterscheidet man zwischen Gewächshausgurken und Freilandgurken. Letztere sind besonders zu empfehlen, weil sie widerstandsfähiger, weniger anfällig gegenüber Schädlingen und Krankheiten sind und niedrigere Temperaturen vertragen. Es gibt alte Sorten mit rundlichen oder ovalen Früchten, die saftig und aromatisch sind, aber es gibt auch welche mit einer derben und stacheligen Schale, die vor dem Verzehr entfernt werden muss. Japanische Hybriden und Burpless-Hybriden haben eine glatte Schale und sind groß und wuchsfreudig. Bei Einlegegurken handelt es sich um kleinere wüchsige Pflanzen, deren Früchte man roh essen kann, die aber hauptsächlich als Gewürzgurken verwendet werden.

Gurken brauchen zum Keimen eine Temperatur von mindestens 20 °C und werden nicht gern umgesetzt. Man pflanzt am besten zwei bis drei Samen pro Topf und entfernt nach der Keimung den schwächsten Sämling. Die anderen dürfen erst bei einer Mindesttemperatur von 15 °C ins Freie. Gurken brauchen viel Licht und Feuchtigkeit, aber die Sämlinge dürfen nicht ertränkt werden. Sie müssen mindestens zwei Wochen lang in einem Frühbeet abgehärtet werden und dürfen erst lange nach dem letzten Frost ausgepflanzt werden, wenn sie bereits zwei kräftige Blätter gebildet haben und ein drittes schon auf dem Weg ist.

Gurkenpflanzen können 1,5–1,8 m hoch werden und brauchen eine Rankhilfe, an die sie bei Bedarf festgebunden werden müssen. Wenn eine Pflanze das obere Ende der Stütze erreicht hat, wird ihre Spitze gekappt. Sobald sie Früchte ansetzen, müssen die Pflanzen reichlich gegossen werden. Damit die unteren Früchte nicht auf dem Boden aufliegen und verfaulen, legt man am besten ein Holzbrett darunter. Bevor sich der erste Frost ankündigt, sollten alle Gurken geerntet werden, da sie bittere Kälte nicht überstehen würden.

Junge Gurkenpflanzen sind bei Nacktschnecken und Blattläusen sehr beliebt. Diese Schädlinge übertragen auch das sogenannte Mosaikvirus, das genauso aussieht, wie es heißt. Es hindert gesunde Pflanzen zwar nicht am Wachsen, beeinträchtigt aber die Erträge. Bei älteren Pflanzen die befallenen Blätter entfernen.

Sorten: 'Marketmore' (produktiv und mehltauresistent), 'Burpless Hybrid', 'Burpless Tasty Green'. Alte Sorten: 'Crystal Lemon' und 'Crystal Apple'.

Erbsen und Zucker-Erbsen

Erbsen sind richtig hübsche Pflanzen und ideal für die Terrasse. Mit einer Reihe oder einem Kübel Pflanzen bekommt man genügend Erbsen für den Salat. Wenn es für die Hauptmahlzeiten reichen soll, muss man jedoch mehr anbauen. Je nach Sorte können Erbsen im Winter oder im Sommer ausgesät werden. Wintererbsen, die im Oktober oder Anfang November ausgesät werden, sind Anfang Juni erntereif. Für den Anbau in Kübeln sollte man stets zwergwüchsige oder kleinere Sorten verwenden. Manche Zucker-Erbsen werden bis zu 150 cm hoch, und wenn man die Pflanze abstützt, kippt gleich der ganze Kübel um. Damit immer genügend Nachschub da ist, empfiehlt es sich, die Sommersorten von April bis Juni im Abstand von zwei Wochen nacheinander auszusäen. Der Saatabstand beträgt 5 cm, und der Reihenabstand 10 cm. In Behältern ordne ich die Pflanzen immer in zwei konzentrischen Kreisen mit Stützen dazwischen an.

Mäuse lieben Erbsen und buddeln sie gern aus der Erde. Um die Nager fernzuhalten, kann man die Erbsen entweder in Paraffin tauchen oder eine Spielzeugschlange aus Plastik kaufen und auf den Boden legen.

Sobald die Sämlinge zum Vorschein kommen, machen sich die Nacktschnecken darüber her, sofern man nicht entsprechende Vorkehrungen getroffen hat. Die Sämlinge brauchen außerdem eine Stütze von etwa 8 cm Höhe. Man kann sich für wenig Geld ein Ranknetz besorgen und mit Pfählen abstützen oder in Kübeln eine Art Wigwam aus Bambusrohr bauen und mit Schnur umwickeln. Um das Unkraut in Schach zu halten, den Boden um die Jungpflanzen herum mit einer 5 cm hohen Mulchschicht aus Rasenschnitt oder Pappe abdecken.

Bei Trockenheit muss regelmäßig gegossen werden, und geerntet wird von unten nach oben. Die Erbsenschoten an den oberen Trieben kann man auch roh im Salat essen. Nachdem man alle Erbsen geerntet hat, sollte die Pflanze abgeschnitten werden, damit die Knöllchen an ihren Wurzeln den Boden mit nützlichem Stickstoff versorgen können.

Sorten: 'Oregon Sugar Pod' (sehr süß), 'Meteor' (für eine frühe Aussaat), 'Half Pint', 'Hatif d'Annonay' (Zwergsorte).

Radieschen, Rettich

Radieschen können bereits 6 bis 8 Wochen nach der Aussaat geerntet werden. Man kann sie ab Februar bis Anfang September anbauen. Da die Knollen im Sommer schnell holzig werden, empfiehlt sich eine Aussaat im Abstand von zehn bis vierzehn Tagen. Runde Radieschen wie 'Cherry Belle' bleiben am längsten knackig. Die erste Ernte ist meist sehr mild – später werden die Radieschen schärfer.

Im Boden werden die Samen dünn gesät, und der Reihenabstand sollte etwa 15 cm betragen. In Behältern kann man die Samen ruhig großzügig verteilen und die Sämlinge später bei Bedarf ausdünnen.

Im Boden angebaute Radieschen müssen nur bei größter Hitze gegossen werden, und in Behältern ist das Gießen auch nur notwendig, wenn die Erde trocken ist. Falls die Pflanzen zu schießen beginnen, kann man sie Samen ansetzen lassen.

Sorten: 'French Breakfast' (rot mit unterem weißen Drittel), 'Pink Beauty', 'Cherry Belle', 'Münchner Bier' (Rettich mit essbaren Samenhülsen).

Gartenbohnen

Buschbohnen sind ideal für kleine Gärten und für den Anbau in Kübeln, weil sie sehr produktiv sind und kaum oder gar nicht abgestützt werden müssen. Gartenbohnen dürfen erst lange nach dem letzten Frost im Freien ausgesät werden. In nasskaltem Boden würden die Samen über Nacht verfaulen. Drinnen kann man die Pflanzen ab April vorziehen und nach dem Abhärten ins Freie pflanzen. Da die Bohnen rasch große Wurzeln bilden, sollten zum Vorziehen allerdings keine Saatschalen oder Anzuchtplatten verwendet werden, sondern Pflanztöpfe, die mindestens 3 cm tief sind. Ansonsten werden die Bohnen im Freiland in Furchen auf 5 cm Tiefe und mit etwa 25 cm Abstand ausgesät. Der Reihenabstand sollte mindestens 45 cm betragen. Ein großer 30-Liter-Kübel bietet Platz für ungefähr acht Buschbohnen. Wer seine Bohnen bis Ende Juni zwei- bis dreimal hintereinander jeweils im Abstand von drei Wochen aussät, ist bis September versorgt.

Sorten: 'The Prince' (sehr ertragreich), 'Tendergreen' (sehr ertragreich), 'Borlotto Lingua di Fuoco' ist eine herrliche, rot marmorierte Buschbohne (auf das Etikett achten: Es gibt sie in buschiger und rankender Form).

Möhren

Möhren brauchen Sandboden und hassen frisch gedüngte Erde – daher Beet oder Kübelerde nicht mit Stallmist anreichern. Kurze dicke Sorten, wie 'Paris Market' sind ideal für flachere Töpfe, wohingegen die langen und schlanken Sorten, wie 'Amsterdam Forcing' oder 'Nantes', viel Platz brauchen, um sich nach unten hin ausbreiten zu können.

Möhren sollten nicht vor April ausgesät werden. Wer genügend Platz hat, kann die Samen im Juli im Abstand von ein paar Wochen nacheinander ausbringen und somit für ständigen Nachschub sorgen. Möhren brauchen länger, als man sich vorstellt, um zu anständiger Größe heranzuwachsen. Im Mai ausgesäte Möhren sind erst Ende August erntereif, aber als Babymöhren kann man sie schon früher ernten.

Die winzigen Möhrensamen vorher mit etwas Sand in der Handfläche vermischen und dann verteilen. Der endgültige Abstand zwischen den Pflanzen sollte etwa 7 cm betragen, und damit man nicht zu oft ausdünnen muss, dürfen die Samen nicht zu eng gesät werden. Der Hauptfeind der Möhre ist die Möhrenfliege, deren Maden eine Reihe Möhren in null Komma nichts vernichten können. Da die Möhrenfliege die Pflanzen anhand ihres Geruchs ausfindig macht, sollte man so wenig wie möglich ausdünnen, damit man nicht unnötig viel Möhrenduft aufwirbelt. Wenn man schließlich doch ausdünnt, sollte man das einem bewölkten Tag oder am Abend tun und die Sämlinge hinterher gießen. Barrieren und Begleitpflanzen bieten guten Schutz.

Sorten: 'Paris Market Baron' (auch 'Paris Market') ist eine kurze Möhre, gut für den Kübelanbau. 'Early Nantes' ist gut in Größe und Geschmack und ideal für das Freiland.

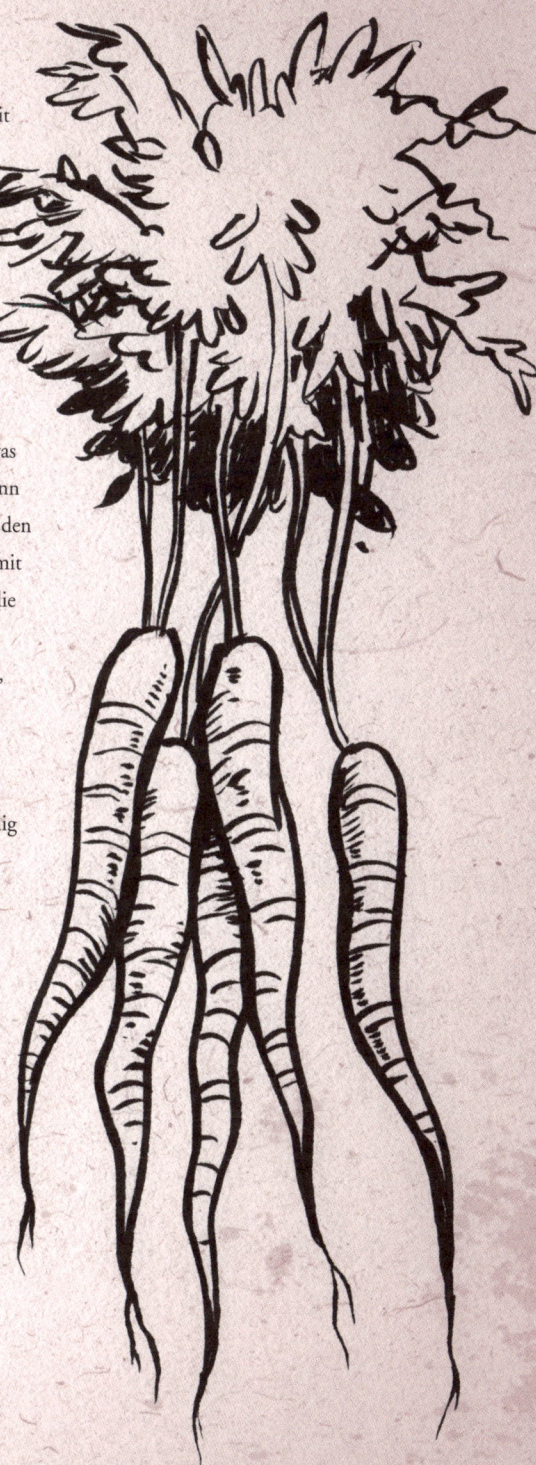

Im Kräutergarten

In den meisten Gartencentern werden kleine Töpfe mit mehrjährigen Kräutern, wie Thymian, Salbei und Rosmarin, äußerst billig verkauft. Diese können viel früher verwendet werden als selbst ausgesäten Pflanzen. Basilikum und Schnittlauch sollte man besser aussäen, da vorgezogene Pflanzen teuer sind.

Petersilie

Petersilie ist nützlich, robust und hübsch und gedeiht in Töpfen genauso gut wie im Boden. Krausblättrige Petersilie wächst zu einem dichten Büschel aus dunkelgrünen Blättern heran. Glattblättrige Petersilie dagegen ist größer und aromatischer. Die Pflanzen sollten am besten wie Ein- oder Zweijährige behandelt werden.

Mit dem Keimen kann es zwar ein Weilchen dauern, aber das Warten lohnt sich. Während dieser ein bis zwei Monate muss die Erde immer schön feucht gehalten werden. Indem man nach der Aussaat kochendes Wasser über die Samen gießt, lässt sich die Keimung beschleunigen. Petersilie mag nährstoffreichen Boden und kann von April bis Ende August ausgesät werden, sodass man noch ein paar Pflanzen hat, die man sich im Winter in die Küche stellen kann. Zum Überwintern müssen die Pflanzen mindestens 20 cm Abstand haben. Bei Sommerpflanzen reichen 8 cm dazwischen.

Basilikum

Basilikum gehört zu den nützlichsten einjährigen Kräutern. Wer faul ist, kann sich einfach einen Topf davon im Supermarkt kaufen, die Pflänzchen trennen, ihre Triebspitzen entfernen und einzeln wieder einpflanzen. Neben dem großblättrigen grünen Klassiker gibt es aber auch viele andere Sorten, die man ausprobieren könnte.

Basilikum braucht Wärme zum Keimen, und zwar 13–16 °C. Drinnen kann er bereits ab März auf einer sonnigen Fensterbank ausgesät werden, aber im Freien sollte man noch bis Mai damit warten. Für die Aussaat auf der Fensterbank sollte man einen 9 cm großen Topf verwenden, die Samen mit etwas Erde bedecken und den Topf in eine durchsichtige Plastiktüte hüllen, damit die Feuchtigkeit nicht entweichen kann. Sobald sich die Sämlinge zeigen, kann die Tüte entfernt werden. Pikiert wird, wenn die Sämlinge groß genug zum Anfassen sind. Drinnen vorgezogene Pflanzen müssen erst in einem Frühbeet abgehärtet werden, ehe man sie auspflanzen kann. Wenn sich die im Freien ausgebrachte Saat mit dem Keimen Zeit lässt, kann es daran liegen, dass der Boden etwas zu trocken ist. Mit etwas Wasser lässt sich der Prozess aber in Gang bringen.

Die Sorte 'Sweet Genovese' hat das bei Weitem beste Aroma für Pesto und Salat. Griechisches Basilikum oder Busch-Basilikum besitzt hocharomatische Blätter und wächst zu einem schönen hellgrünen Busch heran. Es verträgt Kälte und die den anderen Sorten so verhassten feuchten Sommer und wird sogar weniger von Schnecken heimgesucht. Außerdem blüht es sehr spät und beschert uns somit eine reiche Blatternte. Thai-Basilikum (*Horapa*) mit seinem süßaromatischen Lakritz-Aroma, den rosa Blüten und violett gestielten Blättern ist so dekorativ, dass es sich selbst in Fensterkästen oder Blumengärten behaupten kann. Zitronen-Basilikum gedeiht nur unter geeigneten Bedingungen, aber freut sich über ein sonniges Plätzchen am Küchenfenster.

Salbei

Salbei ist ein immergrünes mehrjähriges Kraut, das nicht nur lecker schmeckt, sondern auch gut mit Blühpflanzen harmoniert. Violettblättriger Salbei macht sich besonders gut als Hintergrundbepflanzung. Ananas-Salbei und Mandarinen-Salbei sehen nicht nur hübsch auf Beeten aus, sondern ergeben auch einen köstlichen fruchtigen Kräutertee. Mit Stecklingen oder Jungpflanzen (sogar die aus dem Supermarkt halten den Bedingungen im Freien stand) kommt man am leichtesten zu einem Salbei-Bestand. Im April oder Mai besorgt man sich bei Freunden 8 cm lange Kopfstecklinge und pflanzt diese um den Rand eines 12 cm großen Topfes herum in durchlässige Erde. Man lässt sie so lange im Frühbeet stehen, bis sie bewurzelt sind.

Salbei ist zwar mehrjährig, aber wird mit der Zeit oft spindelig und ausgezehrt oder kann unter besonders günstigen Standortbedingungen enorm groß werden. Daher empfiehlt es sich, Stecklinge zu nehmen bzw. die Pflanze im Frühjahr erbarmungslos zurückzuschneiden.

Oregano (Dost oder Wilder Majoran)

Oregano ist eine mehrjährige krautige Pflanze, die nährstoffreichen Boden und volle Sonne braucht. Die Aussaat kann ab März drinnen und ab Mai im Freien erfolgen. Man braucht allerdings etwas Geduld, da sich Oregano mit dem Keimen oft Zeit lässt und erst gegen Ende des Sommers geerntet werden kann. Wer nicht so lange warten will, sollte sich vorgezogene Pflanzen kaufen. Sobald man erst einmal eine etablierte Pflanze hat, ist das Vermehren ganz einfach. Man kann die Pflanze im Frühjahr oder Herbst teilen oder im Frühsommer Stecklinge nehmen.

Im Winter sterben die Triebe zwar ab, aber wer seinen Oregano in Töpfen kultiviert, muss in der kalten Jahreszeit nicht auf die würzigen Blätter verzichten, sondern braucht die Pflanze im Sommer bloß kräftig zurückzuschneiden und über den Winter nach drinnen zu holen, wo sie wieder neu austreibt.

Schnittlauch

Schnittlauch lässt sich ganz einfach aus Samen ziehen, die entweder drinnen oder draußen im späten Frühjahr oder im Frühsommer ausgebracht werden, und kann im Hochsommer geerntet werden. Man kann natürlich auch etwas schummeln und mit einem fertigen Topf Schnittlauch anfangen, den es im Supermarkt billig zu kaufen gibt. Dieser wird im Frühsommer ausgepflanzt und schafft es mit etwas Glück, sich an ein Leben im Freien zu gewöhnen.

Schnittlauch geht im Winter in die Ruhephase und seine Stängel sterben ab. Die Pflanzen sind aber so widerstandsfähig, dass sie selbst den grimmigsten Winter überstehen.

Minze

Grüne Minze (oder Speer-Minze), Pfeffer-Minze, Apfel-Minze, Ananas-Minze, Marokkanische Minze und die vielen anderen Arten der Minze sind allesamt mehrjährige Pflanzen, von denen die meisten ausgesprochen hartnäckig und viele auch überaus invasiv sind. Minze hat den Vorteil, dass sie auch im Schatten wächst, und ist daher ideal für alle, die nichts weiter haben als eine Fensterbank nach Norden. Die Pflanzen gedeihen wunderbar in Töpfen, aber bevorzugen fruchtbaren Boden, der immer feucht gehalten werden sollte.

Wer nicht gerade eine oder zwei Wurzeln von Freunden bekommt, kann die Minze auch aussäen, und zwar von April bis Mai auf der Fensterbank bei 15–20 °C. Die Samen werden mit einer dünnen Schicht gesiebter Erde bedeckt und umgepflanzt, sobald die Sämlinge groß genug zum Anfassen sind. Im Juni, wenn es draußen inzwischen warm genug ist, können sie ausgepflanzt werden. Damit die Minze nicht gleich den ganzen Garten erobert, sollten die Wurzeln in Schach gehalten werden, indem man sie in einen alten Topf oder Eimer pflanzt und diesen eingräbt.

Thymian

Thymian ist ebenfalls eine gute Mehrjährige für faule Gärtner, weil sie selbst Trockenheit, kargen Boden und sengende Sonne verträgt. Auch in Töpfen überleben die Pflanzen Misshandlungen, bei denen die meisten anderen Kräuter längst aufgegeben hätten. Zitronen-Thymian verströmt einen herrlichen Duft, aber hasst nasskalte Winter. Der Breitblättrige oder Gemeine Thymian ist die robusteste und am meisten verbreitete Art. Beim Kauf sollte man darauf achten, dass die Pflanze auch genießbar ist, denn unter der Vielzahl an erhältlichen Sorten gibt es auch einige, die scheußlich schmecken. Thymian ist billig und leicht zu bekommen. Ab April kann Thymian ausgepflanzt werden.

Wird Thymian im Juni kräftig zurückgeschnitten, treibt er für den Rest des Sommers neu aus. Wer eine spindelige Pflanze geerbt hat, sollte diese im Frühjahr ganz zurückschneiden und nur einen dünnen Stängel stehen lassen, der daraufhin in gute Erde gepflanzt wird (die Erde einfach über die Pflanze schütten, sodass nur noch ein paar Blätter herausschauen). Dadurch wird sich die Pflanze erstaunlich schnell erholen.

Rosmarin

Rosmarin ist ein frostharter mehrjähriger Strauch, der sehr groß werden kann, wenn man ihn ungestört wachsen lässt. Es gibt aber auch kriechende Formen, die als Bodendecker eingesetzt werden können. Rosa und weiß blühende Sorten sind ebenfalls erhältlich, aber ich finde das zarte Blau immer noch am schönsten. Rosmarin mag sehr durchlässige Erde und volle Sonne und gedeiht in Töpfen genauso gut wie im Boden. Da Rosmarin in vielen Vorgärten zu finden ist, braucht man sich nur noch mit seinen Nachbarn anzufreunden und um ein paar Stecklingen zu bitten. Wer eine kräftig wuchernde und emporschießende Pflanze hat, sollte die Triebe zur Frühjahrsmitte hin um mindestens die Hälfte kürzen, damit sie sich verzweigen und schön buschig werden. Bei stark verholzten Pflanzen dagegen nimmt man am besten Stecklinge und fängt neu an.

Estragon

Französischer Estragon (auch Deutscher Estragon genannt) ist ein edles Gewürz, das den Speisen eine besondere Note verleiht. Er gedeiht in voller Sonne und in durchlässigem Boden. Die Pflanzen müssen vor Regen und Kälte geschützt werden. Man sollte sich entweder eine Pflanze kaufen oder sich von Freunden einen unterirdischen Ausläufer oder im späten Frühjahr Stecklinge besorgen. Keinen Russischen Estragon kaufen, dieser besitzt ein völlig anderes Aroma.

Dankbare Blumen

Godetie *(Clarkia amoena)*

Ich liebe Godetien (auch Atlasblumen oder Sommerazaleen genannt), vor allem die rosafarbenen, weil sie so pflegeleicht sind und sich in regnerischen Jahren genauso die Seele aus dem Leib blühen wie in Jahren mit großer Hitze. Die Aussaat dieser Einjährigen erfolgt direkt im Boden. Man braucht die Samen nur auf ein vorbereitetes Beet zu streuen und leicht einzuharken. Der Rest erledigt sich von alleine. Godetien sehen ein wenig wie die Blüten der Nachtkerze aus, aber sind in vielen leuchtenden Farben erhältlich – auffällig, aber schön.

Trichterwinde *(Ipomea purpurea)*

Die Trichterwinde ist eine hübsche einjährige Rankpflanze. Sie ist zwar eine enge Verwandte der widerlichen Ackerwinde, aber sie ist nicht invasiv, weil sie im Winter abstirbt. Die

Trichterwinde liebt heiße Sommer und freut sich über ein Spalier in einer sonnigen Ecke. Und wenn sie erst einmal richtig loslegt, blüht sie bis zum ersten Frost. Ich mag besonders die klassischen violetten Trichterblüten mit rosafarbener Mitte, aber es stehen auch Dutzende anderer Farben zur Auswahl.

Trichterwinden können direkt ausgesät werden, aber zum Keimen haben sie gern ein bis zwei Wochen gleichbleibend warmes Wetter, sodass es meist besser ist, sie auf einem warmen Fensterbrett oder in einem belüfteten Schrank vorzuziehen. Die Keimung geht schnell vonstatten, und sobald sich die ersten Triebe zeigen, sollte man die Töpfe an einen etwas kühleren Platz stellen. Ab Ende Mai setzt man die Pflanzen ins Freie und versorgt sie mit einer Rankhilfe.

Kornblume *(Centaurea cyanus)*

Die Kornblume ist eine einjährige Pflanze mit hohem, aufrechtem Wuchs und vor allem wegen ihrer schönen hellblauen Blüten sehr beliebt. Sie ist der ideale Lückenfüller für sonnige Plätze in neu angelegten Gärten, weil sie sich gern selbst aussät und somit jedes Jahr wiederkommt. Kornblumen blühen meist im Frühsommer, aber manchmal auch erst Ende August.

Die wilde Kornblume ist bereits von Natur aus eine schöne Pflanze. Bei Kultursorten, wie 'Frosty Mixed', sind die Blüten jedoch größer, und ihre Farben reichen von Blassrosa bis hin zu Dunkelviolett. Sie alle gedeihen am besten in relativ magerem Boden – in zu reichhaltiger Erde machen sie schlapp. Kornblumen werden direkt in den Boden gesät (1 cm tief), und zwar entweder im Herbst oder im Frühjahr, sobald sich

der Boden erwärmt hat. Sie müssen weder ausgedünnt noch gedüngt werden und eignen sich wunderbar als Schnittblumen.

Berg-Flockenblume *(Centaurea montana)*

Diese horstbildende Staude gehört zu den pflegeleichtesten Blühpflanzen überhaupt. Ab spätem Frühjahr bringt sie ihre blau-violetten kornblumenartigen Blüten hervor und blüht den ganzen Sommer hindurch, sofern man Verblühtes regelmäßig abschneidet. Sie toleriert sehr magere Böden und mäßigen Schatten und breitet sich durch Selbstaussaat im ganzen Garten aus.

Jungfer im Grünen *(Nigella-Arten und die Sorte Nigella papillosa 'African Bride')*

Diese frostharte Einjährige gehört zu den Blühpflanzen, die sich gern überall ausbreiten. Wenn man ihre Samen im Herbst ausstreut und den ganzen Winter über bei Frost und Schnee vergisst, findet man im Frühjahr tatsächlich noch Sämlinge vor. Jungfer im Grünen besitzt zarte sternförmige Blüten von Himmelblau bis Tiefviolett und eine Wolke aus hellgrünen gefiederten Blättern. Bekannt ist sie jedoch vor allem wegen ihrer schönen Samenkapseln. Jungfer im Grünen gibt in jedem Stadium eine schöne Schnittblume ab, aber ich lasse die Samenstände immer als Zierde für den Winter stehen. Es gibt weiß, rosa, violett und blau blühende Sorten, aber mit der Wildform kann man nichts falsch machen. Die Kultursorte 'African Bride' mit ihren weißen Blüten und tiefbraunen Staubgefäßen mag ich besonders.

Kapuzinerkresse *(Tropaeolum majus)*

Kapuzinerkresse ist ein guter Kletterer und kann an einem Zaun hochgezogen werden. Mir gefällt sie aber am besten kriechend als Bodendecker für den Sommer. Kapuzinerkresse, verträgt

Trockenheit und gedeiht in mageren Böden. Außerdem sind ihre Blüten essbar – und auch die Blätter. Man sollte sie jedoch nicht düngen, da sie sonst mehr Blätter als Blüten ausbildet. Kapuzinerkresse hält fast allen Bedingungen stand und ist somit ideal für Fensterkästen und Hängekörbe. Die Samen werden von April bis Juni direkt ausgesät (2,5 cm tief), und der Boden muss feucht gehalten werden, bis die Sämlinge zum Vorschein kommen. Wenn die Pflänzchen groß genug sind, kann man sie auf 30 cm Abstand ausdünnen, sodass sie zu großen buschigen Pflanzen heranwachsen und von Juni bis Oktober hindurch blühen. Kapuzinerkresse gibt es in vielen verschiedenen Blütenfarben, von Blassgelb bis Dunkelgelb über Tiefrot bis hin zu richtig grellen Sorten mit panaschierten Blättern. Manche Formen sind kriechend und andere sind zwergwüchsig und buschig.

Duft-Wicke *(Lathyrus odoratus)*

Der Trick bei einjährigen Duft-Wicken besteht darin, eine Ladung im Herbst und eine weitere im Frühjahr auszusäen. Dadurch bekommt man etwas fürs Auge und hat ab Hochsommer bis zum ersten Frost hindurch etwas zu pflücken.

Für die Aussaat im Herbst nimmt man Töpfe mit 8 cm Tiefe und setzt jeweils zwei Samen etwa 1 cm tief hinein. Die Papprollen vom Toilettenpapier wären als Pflanzgefäße für die tiefen Wurzeln zwar gut geeignet, aber die will man ja nicht monatelang herumstehen haben. Idealerweise kann man die Sämlinge in einem Frühbeet überwintern lassen und Ende April auspflanzen.

Draußen müssen die Pflanzen vor Nacktschnecken, Mäusen und vor allem Tauben geschützt werden. Im Frühjahr kann man die Samen gleich direkt aussäen, und zwar jederzeit ab März, sofern der Boden nicht zu kalt ist. Anfang März kann man die Wicken aber auch drinnen in Töpfen vorziehen. Sobald die Sämlinge 10 cm hoch sind, kneift man die Triebspitzen ab, damit die Pflanzen schön buschig werden.

Duftwicken brauchen eine gute Rankhilfe, wie etwa einen mit Schnur umwickelten Wigwam aus Bambusrohr, und ihre Triebe müssen von Zeit zu Zeit festgebunden werden. Je mehr man abpflückt, desto stärker blühen sie. Duft-Wicken sollten es nicht zu trocken haben, da sie sonst von Mehltau befallen werden und das Blühen einstellen. Je nährstoffreicher der Boden, desto besser gedeihen sie. Im Freiland sollte man den Boden ein paar Wochen vor dem Auspflanzen mit etwas selbst gemachtem Kompost anreichern, da dieser die Feuchtigkeit bindet und für reichlich Nährstoffe sorgt.

Viele moderne Hybriden sind geruchlos, daher sollte man beim Kauf darauf achten, dass auf der Packung „duftend" steht. Die Sorten 'Matucana' und 'Cupani' verströmen einen herrlichen intensiven Duft und haben hübsche zweifarbige Blüten in Violett und Weinrot.

Sonnenblumen *(Helianthus ssp.)*

Heutzutage bekommt man sonnenliebende Sonnenblumen nicht mehr nur in klassischem Gelb. Die einjährige Sorte 'Velvet Queen' blüht dunkelrot, und am anderen Ende des Spektrums gibt es die mehrjährige Sorte 'Lemon Queen' mit Blüten in hellem Zitronengelb.

Die meisten Sonnenblumen stammen von der schnellwüchsigen Art *Helianthus annuus* ab. Es gibt Zwerg-Sonnenblumen für den Fensterkasten und extragroße Sorten für die Kinder. Meine ziehe ich immer in Töpfen vor, weil sich die Nacktschnecken gern über die jungen Sämlinge hermachen. Die Samen werden zwischen

April und Anfang Juni (gestaffelte Aussaat ergibt gestaffelte Blüten) 2–3 cm tief in gute Pflanzerde gesetzt. Damit die Sonnenblumen schön buschig werden, brauchen sie einen Pflanzabstand von 30 cm. Wer die Blumen jedoch als Sichtschutz vor eine hässliche Mauer setzen möchte, sollte einen geringeren Abstand von 15 cm wählen. Sonnenblumen müssen immer gut gegossen werden und ergeben sehr schöne und haltbare Schnittblumen. Nachdem sie verblüht sind, kann man die Samenstände entweder für die Vögel stehen lassen oder diese abschneiden und die Samen selbst essen. Man darf bloß nicht vergessen, ein paar davon für die Aussaat im nächsten Jahr aufzuheben.

Ringelblume (Calendula officinalis)

Ringelblumen blühen fast durchgehend vom Frühsommer an bis weit in den Herbst hinein. Ihre leuchtend orangefarbenen Blüten sind essbar und sehen hübsch im Salat aus. Als Schnittblume ist sie auch geeignet. In milden Klimaten benimmt sich die Ringelblume wie eine kurzlebige Mehrjährige und treibt neu aus, wenn man ihre alten Stängel zurückschneidet. In kühleren Regionen behandelt man sie wie Einjährige. Die Pflanzen produzieren Dutzende von gebogenen Samen und verbreiten sich durch Selbstaussaat. Man kann die Samen aber auch selbst ernten und ausbringen. Und wer Ringelblumen zur Zierbepflanzung von Rabatten oder Kübeln verwenden möchte, sollte die Samen nach dem letzten Frost direkt an den entsprechenden Stellen 2 cm tief in die Erde setzen.

Einjährige Mohnpflanzen (Escholzia und Papaver spp.)

Der Kalifornische Goldmohn (Eschscholzia californica), auch Schlafmützchen genannt, hat hübsche orangefarbene Blüten und schöne farnartige graugrüne Blätter. Er liebt die Sonne, hat nichts gegen Trockenheit und ist damit ideal für Kiesgärten oder sonnig-heiße Standorte. Die Aussaat erfolgt direkt in den erwärmten Frühlingsboden. Die Samen werden dünn und 6 mm tief in der geharkten Erde ausgebracht und brauchen 15–18 °C zum Keimen.

Die Sämlinge müssen nicht ausgedünnt werden, die stärksten werden sich durchsetzen. Kalifornischer Mohn wird seit etwa einem Jahrhundert gezüchtet, sodass es inzwischen Dutzende Farbvarianten gibt und man sich nur die aussuchen braucht, die farblich am besten zu den übrigen Pflanzen im Garten passen. Ich mag besonders die blassgelbe Sorte 'Alba' und 'Carmine King' mit ihren rosa-karminroten Blüten. Die etablierten Pflanzen säen sich jedes Jahr selbst aus.

Shirley- oder Seiden-Mohn ist eine Kulturform des wilden Klatsch-Mohns (Papaver rhoeas). Die Pflanzen der echten Shirley-Serie haben ungefüllte Blüten in klarem Weiß, Rosé und Lachs, aber es sind auch viele andere Sorten erhältlich. Manche davon sind wirklich hübsch und andere nicht. Die Blüten der Sorte 'Mother of Pearl' sind besonders hell. Die Samen werden direkt ausgesät, indem man sie einfach großzügig auf dem frisch geharkten Boden verstreut.

Schlaf-Mohn (Papaver somniferum) ist eine einjährige Pflanze mit 1–1,5 m Wuchshöhe. Sie hat fleischige graugrüne Blätter, große Blüten und imposante Samenkapseln. Unter den zahlreichen Formen findet man auch solche mit gefüllten oder pfingstrosenartigen Blüten. Das Farbspektrum reicht von dunklen Violett- und Rosatönen bis hin zu Weiß, und die meisten Blüten haben eine tiefviolette bis schwarze Mitte. Mit ihren violett-schwarzen gefüllten Blüten ist 'Black Paeony' die dunkelste Sorte, und die hellste ist die reinweiße 'White Cloud'. Wer Samen in großen Mengen hat, kann von Februar bis Mai jede Woche eine Handvoll davon aussäen.

Register

Impressum

Aus dem Englischen übersetzt von Antje Lorbeer

Titel der Originalausgabe: The Thrifty Gardener
Erschienen 2008 bei Kyle Cathie Ltd
122 Arlington Road, London NW1 7HP
general.enquiries@kyle-cathie.com
www.kylecathie.com

Umschlaggestaltung der deutschsprachigen Ausgabe von
eStudio Calamar.
Unter Verwendung der Bilder von Simon Wheeler
und Illustrationen von Aaron Blecha

Text © 2008 Alys Fowler
Photography © 2008 Simon Wheeler
Illustrations © 2008 Aaron Blecha
Book Design © 2008 Kyle Cathie Limited

Unser gesamtes lieferbares Programm und viele weitere
Informationen zu unseren Büchern, Spielen,
Experimentierkästen, DVDs, Autoren und Aktivitäten finden
Sie unter www.kosmos.de

Für die deutschsprachige Ausgabe:
1. Auflage
© 2008 Franckh-Kosmos Verlags-GmbH & Co. KG,
Stuttgart
Alle Rechte vorbehalten
ISBN: 978-3-440-11805-4
Lektorat: Christiane Theis
Projektmanagement: Birgit Grimm, Kathi Voges
Produktion: Medienfabrik GmbH

Printed in China

Für Emily Casstles

Danksagung

Ich danke allen, die an diesem Buch beteiligt waren: Muna, Carl, Aaron und der wunderbare geduldige Charlie. Ich finde, dass dieses Buch durch die Fotos des großartigen Simon Wheeler ganz prächtig geworden ist – vielen Dank dafür und für die langen Mittagspausen.

Ich habe das Glück, von vielen Menschen umgeben zu sein, die etwas erschaffen, entwerfen, schreiben, kritzeln, stricken, malen und gärtnern und somit eine unerschöpfliche Inspirationsquelle für mich sind. Sie waren es, die ebenso zu diesem Buch beigetragen haben wie ich.

Und hier sind:

Clare Savage, die meine ersten Entwürfe gelesen, lustige Dinge gestrickt und mich zu Konzerten mitgenommen hat, wenn mir gerade alles über den Kopf wachsen wollte; meine Mutter, die mich mit leckerem, selbst gekochtem Tiefkühlessen versorgt hat; Papa, Becca und Jon; Rose und das Team von Gardener's World; die Wurm-Lady; Silvia; Cary in NY; Jake Price; John und Elka, die Original-Weinkisten-Gärtner; Juliet Glaves, Beth und Sid; Helen; Steph; Mags und Ronnie; Emily C.; Beryl und ihr Team vom North One Garden Centre; John und sein Team von York Supplies; Anna Dennis; Borra; Sue und Les, die das ganze Geklopfe von nebenan ertragen haben, und Mighty D für die nützlichen Ratschläge, zum Beispiel darüber, wie man ein Buch anfängt. Zwei Leute, die ich zwar nie getroffen habe, aber deren Bücher ich unglaublich mag: Joy Larkcom und M.F.K. Fisher. Und zu guter Letzt danke ich drei Menschen, die wirklich viel ertragen mussten, während ich das Buch geschrieben habe: Joseph und Geoff, deren Anleitungen und Basteltipps unbezahlbar waren und mit denen das Arbeiten wirklich Spaß macht. Am allermeisten danke ich Holiday, ich liebe dich und die wunderbaren Dinge, die du machst.

Ach ja, und dem Hund.

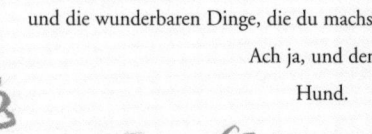